高校科研管理创新与服务能力提升研究

刘萌萌　著

哈尔滨出版社
HARBIN PUBLISHING HOUSE

图书在版编目（CIP）数据

高校科研管理创新与服务能力提升研究 / 刘萌萌著.
哈尔滨：哈尔滨出版社，2025. 4. -- ISBN 978-7-5484-8498-1

Ⅰ. G644

中国国家版本馆 CIP 数据核字第 2025G6A673 号

书　　名：高校科研管理创新与服务能力提升研究
GAOXIAO KEYAN GUANLI CHUANGXIN YU FUWU NENGLI TISHENG YANJIU

作　　者：刘萌萌　著
责任编辑：李　欣
封面设计：赵庆旸

出版发行：哈尔滨出版社（Harbin Publishing House）
社　　址：哈尔滨市香坊区泰山路 82-9 号　　**邮编：**150090
经　　销：全国新华书店
印　　刷：北京鑫益晖印刷有限公司
网　　址：www. hrbcbs. com
E - mail：hrbcbs@yeah. net
编辑版权热线：（0451）87900271　87900272
销售热线：（0451）87900202　87900203

开　　本：787mm×1092mm　1/16　**印张：**12　**字数：**222 千字
版　　次：2025 年 4 月第 1 版
印　　次：2025 年 4 月第 1 次印刷
书　　号：ISBN 978-7-5484-8498-1
定　　价：58. 00 元

前　言

在当今全球化与信息化交织的时代背景下，科技创新如同一股不竭的动力源泉，推动着社会的持续进步与经济的蓬勃发展。高校作为知识探索与创新的摇篮，其科研活动不仅引领着学术界的潮流，更为国家乃至全球范围内的科技跃升与产业转型铺设了坚实的基石。然而，随着科技革命与产业变革步伐的日益加快，高校科研管理领域正面临着前所未有的复杂挑战与宝贵机遇。在这一关键时刻，如何有效应对新时期的种种要求，优化科研管理体系，提升服务效能，进一步激发科研创新的无限活力，已成为高等教育亟须攻克的核心课题。

本书正是在这样的背景下创作的，它犹如一盏明灯，照亮了高校科研管理前行的道路。本书不仅全面而深入地探讨了高校科研管理创新的多元路径，还细致入微地分析了如何通过一系列的管理创新举措，切实提高高校的科研服务能力。书中首先为读者勾勒出高校科研管理的基础理论框架，深刻揭示了科学合理的管理体系对推动科研工作高质量发展的重要性。紧接着，它细致剖析了高校科研管理的核心体系与组织结构，包括管理主客体之间的动态关系、科研活动的结构化构建、管理体系的不同阶段特征，以及组织结构设计应遵循的基本原则。

此外，本书详细阐述了高校科研团队的服务能力构建与合作实践，为科研团队的高效运作与创新能力提升提供了宝贵的思路。在探讨如何提升高校科研团队创造力的部分，本书更是创造性地提出了体系构建的全新视角、形成机制的深入剖析以及具体可行的提升策略，旨在为高校科研管理的创新发展提供坚实的理论支撑与实践指导。

值得一提的是，本书在撰写过程中广泛参考了权威文献与前沿研究成果，充分展现了作者在科研管理领域的深厚积淀。在此，我们向所有为本书提供宝贵资料与灵感的学者表示感谢。

目　录

第一章

高校科研与高校科研管理

第一节　高校科研的特点及重要作用

一、高校科研的内涵、本质及重要性

（一）高校科研的内涵

高校科研是推动学术进步与知识创新的核心引擎，其内涵丰富多元，涉及知识探索、人才培养、社会服务以及文化传承与创新等多个层面。在知识探索的征途中，高校科研勇敢地踏入未知领域，科研人员凭借严谨的实验设计与深入的数据分析，不断揭示自然界的奥秘，提出创新的理论、方法和技术，为学科发展注入不竭动力，丰富了人类的知识宝库，并为后续研究奠定了坚实基础。作为人才培养的摇篮，高校科研为学生提供了宝贵的实践机会与创新思维锻炼，使他们在科研团队的协作中学会合作与沟通，培养了团队协作精神和跨学科的综合能力，为国家科技创新和社会发展输送了大批高素质人才。此外，高校科研还积极承担社会服务使命，通过科研成果的转化与应用，其为产业升级、环境保护、公共卫生等领域提供了技术支持和解决方案，助力了社会经济可持续发展，并为政府决策提供了科学依据和智力支撑，从而使政府能够有效应对社会热点问题和民生挑战。在文化传承与创新方面，高校科研同样贡献卓越，通过挖掘整理传统文化资源，并融合现代科技手段进行文化创新，其为传统文化的传承与发展注入了新活力，促进了文化的多样性和人类文明的共同进步。

（二）高校科研的本质

1. 突出高校科研的“教育性”，发挥科研的育人功能

为了切实培养出具备创新精神的人才，我们必须首先在理念层面清晰界定科研的核心价值，将创新作为驱动引擎，激励并促进学校的科研活动与教学工作的深度融合。在教学实践中，我们应当积极吸纳最新的科研成果，不断更新教学内容体系，确保所教授的知识既能反映学科的最前沿动态，又能与时代的快速发展保持同步。为此，我们大力倡导构建一种师生共同参与研究的文化氛围，拓宽科研参与者的范围，将科研活动视为培育创新人才的关键路径，从而实现科研与教育的有机融合，达到以科研促进人才培养的目标。

高校科研工作的规划与实施，应当紧密围绕学校的学科特色与发展实际，同时紧密贴合社会经济发展的实际需求，将服务于高素质人才的培养和促进经济社会的发展作为科研工作的核心导向。在科研价值的评估体系中，我们要逐步消除“唯级别论”的偏见，防止教学资源被过度科研化所挤占。同时，在科研奖励与教学奖励的设置上，应寻求平衡，避免因科研奖励的易量化性而导致其过度高于教学奖励，从而忽视教学工作的重要性。在职称评审的标准制定上，我们需要调整过分偏重学术成果而轻视教学效果的倾向，防止“重研轻教”或“只教不研”的极端现象，引导教师将精力合理分配到科研与教学之中，毕竟，学生支付学费是为了接受高质量的教育服务，教学质量的缺失不仅是对学生权益的不负责，更是对教育使命的严重背离。

科研活动作为一种开创性的探索，从确定研究方向、选择突破点、开展调查研究，到形成研究报告或开发出新产品，每一个环节都充满了创新与挑战。这一特性要求我们必须充分挖掘科研过程的教育潜力，使其服务于人才培养和教育教学改革。为了确保科研工作的实效性，我们应当加强对课题研究过程的精细化管理，使研究过程本身成为提升科研意识、普及科研知识、推动教育教学进步的有效途径。因此，在科研选题的初期，我们就应紧扣人才培养和学科建设的实际需求，从提高教育质量的高度出发，精心挑选研究课题。科研选题应成为连接教学与科研的桥梁，成为学校与社会互动的纽带，成为培养高素质人才的切入点。

在科研实践的具体操作中，无论是研究方案的设计、相关资料的搜集、文献的筛选、调查数据的处理，还是对研究成果的验证与分析，我们都应为学生提供充分的参与机会和锻炼平台。只有让学生全面参与到科研的各个环节中，

他们才能获得完整的科研体验，进而真正提升自身的综合能力。在科研报告撰写或产品方案设计的过程中，教师应鼓励学生大胆尝试，通过实践培养他们的辩证思维、逻辑思维能力，以及敏锐的观察力、问题解决能力和实践操作能力。

对于多数高等学校而言，教学人员与科研人员往往身兼两职。科研若脱离学校的学科基础，将失去其研究的根基；而教学若与科研脱节，则难以保证人才的培养质量。因此，教学与科研的紧密结合是提升人才培养质量的关键所在。这要求高校教师不仅要具备扎实的教学能力，还要拥有一定的科研素养。然而，科研与教学作为两种不同类型的实践活动，各有其独特的规律和要求。教学能力强并不意味着科研水平高，同样，科研能力强也不代表教学能力突出。因此，在满足基本教学需求的基础上，我们应着重培养那些具有科研潜力的教师，这样不仅能更有效地产出科研成果，还能助力学科方向的拓展，为人才培养和学生就业提供更有力的支撑。

同时，我们应充分利用教师的专业特长，促进教学与科研的和谐统一，避免科研队伍与教学队伍之间的割裂与对立。在科研队伍的建设上，我们应从提高办学效益、促进学科与专业建设、保障人才培养质量的全局出发，对教师的性别、专业背景、年龄结构、学科分布等进行科学规划与合理配置，使科研队伍保持蓬勃的活力与持续的发展潜力。

此外，科研评价在科研工作中具有举足轻重的地位。它不仅关系到教师个体的科研业绩评价，更会对整个高校的科研导向产生深远影响。在摒弃传统的“唯级别论”评价模式后，高校应建立以有利于人才培养为重要标准的科研评价体系。这是高等学校与专职科研机构在职能定位上的根本区别。具体而言，科研项目是否与学校的学科建设规划相契合、是否有利于师资队伍的稳定与提升、是否能推动学科与专业结构的优化调整、是否有利于完善人才培养流程、是否有助于学生就业竞争力的提升、是否与经济社会发展紧密结合等，都应成为评价高校（特别是教学型高校）科研价值的重要考量因素。在教学行政管理部门或社会中介机构对高校进行评估与排名时，应充分考虑不同类型、不同层次高校的特点，实施分类评价与排名，以更好地促进特色学校的建设与发展。

2. 重视教育教学的“研究性”，实现教学与科研的互动与双赢

高校，作为专注于“培养人”这一崇高使命的机构，其核心任务之一便是深入探索并不断提升教育教学工作的有效性与创新性，力求以最优化的时间、精力和物质资源投入，实现人才培养效益的最大化。这一宏伟目标的实

现，关键在于我们能否准确把握并深入探寻教育教学的内在规律，这是高校作为特殊学术组织所承载的独特职能与使命。高校的教学活动，从本质上讲，是一项充满挑战与创新的学术实践，其质量的高低不仅直接映射出学术活动的深度与广度，更是衡量高校教育水平的重要标尺。倘若大学仅仅满足于履行知识传播的单一职能，那么它将在激烈的社会竞争中难以占据引领地位。唯有将教学与科研紧密融合，形成相互促进、相得益彰的良性循环，大学才能真正崛起为引领学术发展、推动社会进步的核心力量。

教育教学研究，作为高校科研活动中不可或缺的一环，要求我们的教学工作必须向更深层次、更宽领域拓展其“研究性”特质。这不仅意味着我们要聚焦于“如何教”的方法论探索，更要将学科知识的研究纳入大学教师的重要议程之中。高校的教学内容，应当既植根于深厚的学术基础，又紧跟时代前沿，既体现专业性，又兼具通识性，以全面服务于培养具备创新精神与实践能力的高级专门人才这一宏伟目标。随着现代科学技术的不断发展，科学知识出现高度分化与交叉融合高校课程体系必须敏锐捕捉这一趋势，通过深入细致的教学研究，及时将最新的科研成果引入课堂教学，从而有效拓宽学生的知识视野，激发其探索未知的热情。

值得注意的是，高校课程的精心组织与巧妙安排，本身便具有催生新学科、新领域的神奇功能。许多交叉学科、新兴学科的诞生，并非直接源自生产实践或科研机构的直接推动，而是高校课程组织形态创新与变革的必然产物。因此，高校在规划不同学科、不同专业的课程布局时，应充分考虑其对于促进交叉学科形成、激发学术创新潜力的积极作用，为新兴学科的发展创造有利条件。

为了实现教学效果的最优化与知识传播的高效性，教师必须深入钻研两大核心领域：一是知识本身，这既包括所教学科的基础理论、核心概念，也涵盖前沿领域的最新进展与热点问题；二是学生的心理特征与学习规律，即如何根据学生的学习特点与认知规律，科学设计教学方法，提升教学效率。教师应具备跨学科的知识储备，能够灵活运用教育学、心理学、社会学、管理学等多学科理论，深入剖析学生的学习心理与行为模式，探索教育教学的内在规律，将最新的学科内容以高效、生动的方式融入学生已有的知识体系，并引导学生在后续课程的学习与实践中实现知识的迁移与应用。

从教师的职业要求与角色定位来看，虽然学术水平无疑是决定教学效果的关键因素之一，而科研活动则是提升学术水平的重要途径与平台，但我们必须明确，教师的首要职责始终是“教学”，而且是“富有研究性的教学”。从教师个人职业发展的长远视角来看，教学中的科研不仅是对自身学术能力的锤炼与提升，更是实现个人成长与职业发展的必由之路。高校所传播的知识，不同于中小学阶段的基础知识，其核心价值在于其创新性、前瞻性与引领性。高校的教学过程，是“认识已知与探索未知的统一”，是教学与研究相互融合、相互促进的过程。因此，只有将教学深深植根于科研的沃土之中，在科研的实践中不断改革与创新教学，我们才能真正实现教学效果的最优化，为高校的长远发展注入不竭的动力与活力。同时，“教学相长”的古老智慧，也将在新时代的高校教育中焕发出新的生机与活力，实现教学与科研之间的良性互动与共同发展。

3. 以人才培养为中心，实现教学、科研的有机统一

以人才培养为核心，是对高等学校教学与科研关系最为精准且深刻的诠释，它不仅精妙地平衡了教学与科研两者间的地位，有效化解了学校教学与管理中存在的多种矛盾，而且深刻揭示了高等教育与众不同的本质特征。高等教育，作为教育体系金字塔的璀璨顶端，同时也是我国科技创新体系中不可或缺的关键环节，其独特性既彰显在教育层次的高级性上，与基础教育形成鲜明对比，又体现在其致力于发展科技文化的高远目标上，与专职科研机构各展所长。尽管培养人才是各级各类教育共同肩负的神圣使命，发展科学技术文化也是高等学校与专职科研机构共有的重要职责，但若高等学校仍然单一地以教学为中心，就可能会忽略大学生的主体地位以及高等教育所承载的其他多元且重要的职能，进而使得高等教育的本质特征在教育的大体系中逐渐被弱化乃至边缘化。

为了凸显高等学校的独特魅力与核心价值，我们必须清晰界定其与专职科研机构之间的本质差异。高等学校在发展科学技术文化、服务社会方面，是凭借其丰富的学科体系、卓越的人才队伍、深厚的智力资源、先进的设备设施以及完善的实践基地等多重优势来实现的。科学研究与社会服务，既是培养具有创新精神和实践能力人才的关键路径，也是衡量高等学校效能与效益的重要标尺。相较之下，专职科研机构的直接且唯一的目标就是推动科学技术文化的发展，全力开展社会服务，其目的与手段高度契合且统一。倘若高等学校过分强调以科研为中心，那么其与专职科研机构之间的职能界限将会变得模糊不清，难以有效凸显并传承高等教育的独特本质与深远意义。因此，培养人才始终是高等学校区别于专职科研机构的核心标识与根本使命。换言之，高等学校所开展的科研活动与社会服务，其最终目的都是为了更好地培养创新型人才，科研与社会服务既是实现这一目的的重要手段，同时也蕴含着自身的价值追求；而专职科研机构则是手段与目的的高度一致，即通过科研活动直接推动科学技术

文化的发展，进而服务社会。

高等学校以人才培养为核心，与以学科建设为引领的核心理念相辅相成，共同构筑了高等教育的坚固基石与鲜明特色。这一理念巧妙地规避了“教学与科研孰轻孰重”的无谓争论，将学校的各项工作紧密地联结成一个有机整体。若单纯以教学为中心，可能会忽视科研的不可替代作用，导致对教学的理解趋于片面与狭隘，不利于招生、就业、校园文化建设等工作的全面推进，也难以有效提升学生的综合素质与实践能力，与素质教育的核心理念背道而驰。而若片面强调以科研为中心，又可能偏离教育的初衷，忽视教学的基础地位。因此，以人才培养为核心，能够促使教学与科研相互融合、相互促进。即围绕人才培养这一核心任务，充分发挥学科建设的引领作用，以师资队伍建设为关键支撑，全面加强专业建设、实验室建设、实习基地建设以及教材建设等方面的工作。通过深入开展科研工作，有效激发学生的创新精神，切实提升学生的实践能力，使得学校的各项工作都紧密围绕培养高级专门人才这一中心任务展开，形成学校各项工作的交汇点与集结点，从而凝聚起学校工作的强大合力与整体效能。

深入理解并准确把握科研的本质功能，对于明确高校的发展方向、科学制定发展战略具有举足轻重的意义，同时也是新时期高校深化改革进程中的一项核心任务。为了充分发挥高校科研职能的潜在价值，我们应当着重强调科研的“教育性”特质，致力于提升科研活动所蕴含的“双重效益”——既促进学术进步，又服务人才培养。与此同时，高度重视教育教学的“研究性”属性，不断强化教学研究在高校科研体系中的核心地位，这是新时代背景下提升高校教学质量、推动教学改革向纵深发展的关键所在，也是实现教学与科研良性互动、协同发展的最优路径。而坚持“以人才培养为中心”的核心理念，则如同一条坚韧的纽带，将教学、科研乃至高校各项工作紧密相连，共同构筑起彰显高校本质特征与独特魅力的坚固基石。

因此，高校亟须与时俱进，革新传统的管理思维与管理模式，积极构建和完善一套既能激发教师科研热情与教学动力，又能有效平衡教学与科研关系的激励机制与调控体系。在具体实践中，应将科研工作的出发点与落脚点牢牢锁定在激发教师的工作积极性、主动性以及培养具有创新精神与实践能力的优秀人才上，通过推动教学与科研的深度融合与一体化发展，实现两者之间的和谐共生与相互促进。在此过程中，我们必须明确，强调高校科研的教育性，并非意味着对科研基础性、原创性的忽视或削弱，更非贬低科研在高校发展中的重要地位。恰恰相反，在知识经济的浪潮中，科研作为高等学校适应经济社会发展新需求、培育创新型人才的关键手段，其地位与作用愈发凸显。只要我们能够准确把握科研的功能定位，妥善处理科研与教学之间的辩证关系，高等学校就一定能够不负时代重托，圆满完成自身肩负的历史使命，为社会的进步与发展贡献更大的智慧与力量。

（三）高校科研的重要性

高校在国家科技创新体系中正日益凸显其不可或缺的重要地位，成为推动科技成果转化与产业化的前沿阵地。其科研活动不仅构成了国家科技创新体系的坚实支撑与核心力量，更发挥着多维度、深层次且不可替代的关键作用。

首先，科研活动为高校注入了探索科学真理的不竭动力，这种动力深深植根于对未知世界的好奇心、对科学难题的勇敢挑战，以及对科研突破可能带来的深远社会影响的深切期待之中。正是这股强大的内在驱动力，激励着专家学者们在各自的研究领域深耕细作、不懈追求，从而有力推动了学校各学科领域的蓬勃发展与创新繁荣。

其次，科研在教育活动中展现出独特的价值与意义。教学实践固然是知识传播与人才培养的重要途径，但科研活动则通过深入剖析、高度概括、系统总结与精准归纳，以及运用科学范畴与客观规律来深刻描述实践现象与研究成果，进而提炼出科学理论，总结出普遍规律，为科学的进步与发展提供了坚实的理论支撑，同时也为教育实践提供了科学指导与方向引领。

最后，教育科研作为教育工作不可或缺的重要组成部分，其应用性与实践性特征愈发鲜明。教育科研拥有广泛而深入的研究领域，汇聚了专业的科研队伍，并得到了行政部门与学校的积极支持与深度参与。在教育实践的广阔舞台上，教育科研正以其日益增强的理论解释力与深刻的社会属性，为教育改革与发展提供着有力的智力支持与决策依据，展现出越来越重要的价值与影响力。

二、科学研究与高校职能

近年来，我国高等学校的科学研究工作取得了举世瞩目的显著成就，这一蓬勃发展的态势不仅吸引了社会各界的广泛关注与高度评价，还促使众多生产企业在遭遇技术瓶颈或研发新产品时，纷纷将目光投向高等学校，寻求专业支持与合作。这充分彰显了我国高校科研工作在历经风雨洗礼与重重挑战后，已逐步走向成熟，并赢得了独立且尊贵的学术地位。在“改革开放，经济发展”这一宏伟方针的引领下，高校通过深入开展科研活动、积极推广科研成果，与社会经济生活的各个领域建立了更加紧密的联系，成了推动社会进步与经济发展的重要力量。同时，科研工作的蓬勃发展也为高等学校带来了丰厚的回报，包括经费的充足、设备的先进以及师资力量的壮大，进一步提升了学校的知名度与影响力，为学校的长远发展奠定了坚实的基础。

在探讨高校科研的深远作用时，人们往往会遵循两种主要的认知路径。一种是历史的视角，通过追溯近代欧美高等学校如何逐步加强科研力量、促进教育与社会生产的协同发展，来深刻认识科研的重要作用。这种方法侧重于历史的类比与经验的借鉴，旨在从历史的长河中汲取智慧与力量。另一种则是逻辑的分析，通过深入剖析高等学校内部的矛盾关系，特别是科研与教学之间的相互作用与影响，来揭示科研的不可或缺性。这种方法侧重于理性的分析与逻辑的推理，旨在强调科研在高等教育体系中的核心地位。然而，这两种认知路径虽各有千秋，却都未能完全达到理性的认识高度，难以全面而深刻地反映高校科研的一般特征与普遍本质。因此，为了更深入地理解高校科研的丰富内涵与重要意义，我们需要遵循马克思主义所倡导的历史与逻辑辩证统一的认识论原则，将历史的分析与逻辑的推理有机结合，从而实现对高校科研作用的全面把握与深刻理解。

教学与科研的有机融合是高等教育发展的必然趋势与客观要求。从高等学校社会职能的发挥来看，教学与科研虽然分属不同的活动领域，但在知识传授与探索求知的共同目标下，它们之间存在着紧密的关联与契合点。教学旨在将人类长期积累的知识财富传授给学生，培养他们的知识素养与学习能力；而科研则致力于探索未知领域，推动知识的创新与发展。在知识经济日益发达的社会背景下，人们不仅需要掌握丰富的知识储备，更需要具备创新思维与实践能力。因此，教学与科研在培养具有创新精神与实践能力的创造型人才方面，具有天然的整合优势与共同目标。在大学的教学与科研活动中，科学研究是知识的“源头活水”，为教学提供源源不断的创新思路与丰富内容；而教学则是科研的“实践场域”，为科研提供灵感与反馈。教师应该积极投身于教学与科研的双重实践之中，通过深入研究不断加深对专业领域的理解，并将最新的研究成果与心得融入课堂教学之中，以激发学生的学习兴趣与探索欲望，提升教学的质量与效果。

那么，如何才能有效地将教学与科研紧密整合在一起呢？从方法途径的角度来看，我们可以探索多种行之有效的策略。直接的途径是教师在授课过程中巧妙地穿插自己在该领域取得的科研成果与心得体会，使理论知识与实践经验相结合，这种方法对于大学低年级学生而言尤为适用，因为他们的知识基础相对薄弱，需要更多的实例与案例来辅助理解。间接的途径则是教师与学生共同参与课题研究或科研项目，通过实践探索与团队协作来深化对知识的理解与掌握，这种方法更适合于高年级学生与研究生，因为对于他们来说，研究过程本身就是一种宝贵的学习经历与成长机会。而潜在的途径则是教师通过承担并完成国家科技、经济等领域的重大研究项目或课题，提升学校的学术地位、社会声誉与知名度，从而营造更加浓厚的学术氛围与科研文化，激发教师与学生的科研热情与创新精神，这对提高人才培养质量具有长远的潜在影响与深远意义。

三、高校科研的作用及影响

（一）科研是提高教学质量的重要支撑点

教学是大学的基本任务，而教学质量则是大学的生命线，它直接关系到大学的人才培养质量和社会的认可度。在当今社会，各行各业领域的竞争日益激烈，而竞争的核心归根结底是人才的竞争。即便是面临日益增大的就业压力，那些具备高素质、高技能的人才依然能够在职场中脱颖而出，成为企业的宝贵财富。

科研在提高教学质量方面扮演着至关重要的角色。它不仅是提升教师素质的重要途径，还是丰富教学内容、培养学生创新精神和能力的有效手段。教师通过参与科研工作，能够不断优化自身的知识结构，提高自身的学术水平，进而将最新的科研成果和学术前沿知识融入教学中，使教学内容更加丰富、生动、具有前瞻性。这种将科研成果转化为教学资源的方式，有助于实现知识、能力、素质全面发展的一体化教学思想。

在当今时代，科学技术的迅猛发展远超以往，其更新速度之快、变革范围之广，使得传统教材的编写与出版周期显得相对滞后，难以实时反映科技领域的最新进展。正因如此，那些始终活跃在科研一线的教师，凭借其敏锐的洞察力与前沿的科研实践，成了连接学生与最新科学知识的桥梁。他们不仅能够及时捕捉科技进步的脉搏，将最新的科学发现与理论成果融入课堂教学，还通过师生间的互动探讨与思维碰撞，激发学生的探索欲望与创新潜能，从而确保教学活动既具有深度又富有活力。

与此同时，随着科技革命的深入推进，大学作为知识创新与人才培养的高地，其教学模式也在悄然转变。学生不再仅仅是知识的被动接受者，而是被鼓励成为具备科研素养、创新精神与实践能力的“研究型”人才。这就要求教师必须紧跟本学科领域的最新动态，将前沿科技与教学内容紧密结合，引导学生深入了解学科的发展脉络与未来趋势，激发他们解决实际问题的兴趣与动力。

在教学实践中，注重对学生科学研究意识的培养、科研能力的提升以及科研方法的指导，已成为提升教学质量的关键环节。通过系统的教育与训练，学生不仅能够深刻理解科学研究的本质与价值，还能熟练掌握科研的基本方法与技能，为将来在学习与工作中灵活运用所学知识、解决实际问题奠定坚实基础。这样的教学模式不仅有助于培养学生的创新思维与实践能力，更能为社会的科技进步与持续发展贡献源源不断的智力支持。

（二）科研是优秀学科的“孵化器”

当代高校课程体系的一个显著特征及发展趋势，在于其内容的日益综合化与交叉化，这一变革浪潮不可避免地推动着高校课程改革与学科建设的深入进行。新课程的设立、教材的更新迭代以及教学方法的创新探索，均离不开科学研究的坚实支撑。通过投身于科研工作，教师不仅能够持续提升个人的学术造诣与研究能力，更为学科建设与学位点的蓬勃发展注入强大动力。

学科建设与学位点建设的核心，在于打造一支高素质、高水平的师资队伍，并开展深层次的科研工作。学科建设是孕育高层次、富有创新精神及实践能力人才的摇篮，而科研实力的增强则是推动学科建设迈向更高层次的必由之路。通过积极承揽国家级、省部级等高级别科研项目，可以逐步锻造出一支学术造诣深厚、结构科学合理、在国内乃至国际享有较高学术声誉的教师团队。这些教师在科研实践中不断攻坚克难，取得一系列突破性成果，为学科建设提供了源源不断的智慧源泉与强大支撑。

值得一提的是，理论在教育改革的进程中扮演着举足轻重的角色，发挥着引领与奠基作用。而先进理论的诞生，往往源自科研工作的深度挖掘与持续创新。这是因为这些未知领域蕴藏着无尽的谜团与挑战，亟待科学家通过科研探索去揭示与解答。当今的科学研究呈现出多学科交融、多角度审视的鲜明特点，这种跨界的思考方式极大地拓宽了人们的认知视野，激发了创新思维与想象力的火花，从而催生出层出不穷的新理论与新见解。正是基于这样深厚的科研底蕴，各学科才得以并驾齐驱，共同书写着繁荣发展的辉煌篇章。

（三）科研是培养创新人才的根本途径

通过积极推进科研工作，我们能够搭建起产学研一体化的合作平台，这一举措对于增强教师群体，尤其是中青年教师的实践操作能力，以及为学生开辟课堂之外的实践创新空间，具有不可估量的价值。当前，高等教育与科学研究的深度融合，已成为推动现代高等教育改革与发展的必然路径。产学研合作教育模式的践行，不仅促进了理论知识与实践应用的紧密衔接，还为学生成长为既精通专业知识，又擅长实践操作，并具备一定科研素养的复合型人才提供了肥沃土壤。

在稳固专业根基的同时，教师应当主动拓宽知识边界，积极涉猎相关学科领域，力求在专业精深与学识广博之间找到平衡点。唯有那些知识结构多元、教学创新能力突出的教师，才能有效引领学生探索未知、培育创新思维，并鼓励他们将创新理念转化为实际行动。教师的思维活跃度与创新精神，是点燃学生求知火花、激发探索热情的重要火种。而这份活跃与创新，正是教师在科研实践中不断磨砺创造力、在长期科研探索中积累深刻洞察的必然结果，它们以润物细无声的方式，深刻影响着每一位学生的成长轨迹。

爱因斯坦曾强调，科学创造需要两种自由：外在的自由和内在的自由。外在的自由指的是社会环境的宽松和容忍，它使得创新者不会因为其新颖的想法或行为而受到歧视或压制；内在的自由则是指心灵的不受约束、不盲从、不迷信。大量事实已经证明，宽松自由的环境是创新的催化剂，也是科研活动不可或缺的条件。在这样的环境下，我们才能鼓励教师勇于提出新见解、发表新言论，也才能使科研在教学的基础上真正实现创新人才的培养。

第二节　高校科研管理的特性

一、提高科研管理效益，坚持“以人为本”管理理念

管理是科学、艺术与生产力的完美融合，而科研工作的成效与效率，在很大程度上取决于科研管理团队能否充分挖掘并有效释放每位成员的内在潜能，以实现团队效能的最大化。人力资源作为科研活动的核心驱动力，其战略地位不言而喻。缺乏高效的人力资源配置机制，科研团队将难以凝聚合力，实现集约化发展。因此，科研管理必须秉承“以人为本”的核心理念，紧密贴合实际需求，科学规划人力资源布局。

在实践中，科研管理层的领导者应秉持公正、客观、务实的用人哲学，深

入洞察每位科研管理人员的专业禀赋、技能优势及个性特质，确保他们能被精准配置到最能发挥其潜能的岗位上，从而全面激发其工作热情与创新活力。同时，构建一套完善、公正的激励与评价体系，让每位科研管理者都能深切感受到自我价值的实现，进而更加全身心地投入到工作中。

此外，高校科研管理模式的创新应聚焦于技术创新的加速、科技成果的高效转化以及新技术的快速产业化。科研活动应紧密贴合市场需求，建立市场导向的科研运行机制，持续优化管理流程，削减冗余环节，提升管理效率。同时，为科研人员与管理团队提供全方位的支持与指导，确保高校科研工作既充满活力又具备强大竞争力，真正实现管理驱动效益的飞跃。

尤为重要的是，高校科研管理应充分彰显人的主体性，尊重并赋能科研人员与教师，激发他们的主人翁精神，强化其责任感与使命感。通过营造优越的工作环境、搭建开放的学术交流平台、组织高质量的科研培训，助力他们在持续学习与交流中不断成长，为科研事业的蓬勃发展贡献力量。

同时，高校科研工作还需深化与企业、政府及社会各界的合作与交流，通过政府引导与市场驱动的双重机制，构建以企业为主体、产学研深度融合的创新生态，有效加速科技成果转化与产业化进程。这不仅能够显著提升科研成果的社会价值与经济效益，还能为高校带来更为丰富的科研资源与合作契机。

地方高校在科研管理中必须坚守“以人为本”的初心，尊重并呵护每一位教师和科研人员的尊严与价值，通过实施人本管理策略，全面激发他们的精神潜能与科研热忱。与此同时，不断完善科研体制、强化过程管理、营造诚信宽松的科研氛围，方能在激烈的高校竞争中脱颖而出，全面提升学校的知名度与影响力。

二、建立高校科研创新管理方法

首先，地方高校应以市场为导向，建立一个面向需求的科研运行机制。这意味着科研工作应紧密围绕市场需求进行布局和规划，确保科研成果能够得到有效转化和应用。为此，我们需要不断改进和优化科研管理制度和流程，为科研工作提供宽松和谐的环境和条件。同时，通过制定和实施科研发展规划，引导广大教师和科研人员关注社会需求和学科前沿动态，提高科研工作的针对性和实效性。

其次，在科研管理中应充分发挥市场机制的作用，减少行政干预。通过营造创新氛围和条件，激发科研人员的创新意识和创新热情。这包括鼓励科研人员勇于尝试新方法、新技术和新思路；为科研人员提供必要的资源和支持；建立完善的科研成果评价体系和激励机制等。同时，科研管理人员也应树立全局性和前瞻性的思想观念，随时掌握高校科研工作所处的社会环境、所面临的机遇和挑战以及国内外科技发展的现状和趋势等信息资源。

再次，加强与企业、政府和社会的联系与合作也是提高科研管理效益的重要途径。通过产、学、研结合的方式推动科研成果的转化和应用；通过政府引导和市场推动相结合的方式增加科研投入和支持；通过与企业合作开展联合研发和技术创新等活动提高科研成果的市场竞争力和应用价值等。这些措施不仅有助于提升高校科研工作的水平和质量还有助于增强高校的社会影响力和知名度。

最后，在科研管理中还应注重“定量管理”与“定性管理”的有机结合。通过制定合理的科研指标和评价体系鼓励科研人员多出成果和高质量成果；通过科学客观的评价方法和标准对科研工作进行全面深入的评估和分析等措施实现科研工作的“质”与“量”的完美统一。这样不仅可以激发高校科研人员的积极性和创造力还可以促进高校科研工作的持续健康发展并为社会进步和经济发展做出更大的贡献。

三、树立信息观念，加强科研网络建设

高校科研管理部门作为驱动高校科研创新、促进科技事业发展、优化软件服务供给及实施柔性管理的关键力量，在市场经济浪潮中发挥着举足轻重的作用。尤其在当下这个信息洪流的时代，信息对于科研管理决策的重要性日益突出。

面对这一时代变迁，科研管理部门需深刻洞察信息的核心价值，积极树立信息导向意识，并全面拓展与社会各界的紧密联系。随着我国市场经济体系的不断成熟，国家及各级政府部门在科研课题立项上已实现了基金制、合同制、招标制等多元化模式的并存。同时，市场竞争机制的引入使得企业、事业单位对科技进步的依赖愈发强烈，横向科研课题的数量也随之激增。

为应对这一新态势，高校科研管理部门需迅速调整策略，通过拓宽科技信息获取渠道、强化科技信息管理效能、提供精准高效的科技信息服务等举措积极应对。例如，可依托建立专业的科研信息平台或运用电子邮件等现代通讯工具，实时传递国家科技政策、企业科研需求等关键信息至教师群体，助力他们紧跟科研前沿动态。如此，高校科研管理部门便能实现从计划经济时代传统办事机构的角色，向市场经济下信息服务型机构的华丽转身，为高校科研活动的蓬勃开展奠定坚实基础。

此外，加速科研管理网络的建设同样刻不容缓。一个完善、高效的科研管理网络不仅能强化科研管理的规范性，还能大幅提升管理效率与水平。在构建科研网络时，应注重内容的全面性与系统性，同时突出重点；在形式上，则需追求直观易懂与用户友好。通过科研网络的搭建，可实现对科研人员、经费、项目、成果、机构等科研资源的全方位、系统化管理，便于信息的快速查询与汇总，为科研决策提供坚实的数据支撑。

最后，科研管理人员的工作模式也需进行根本性转变。他们应从以往的被动管理向主动服务转型，充分利用计算机信息处理技术等现代科技手段，精准、高效地把握内部资源状况与外部市场需求，提供更具针对性的信息服务，从而在激烈的市场竞争中占据有利地位，引领高校科研事业迈向新的辉煌。

四、加强产学研合作，加速科研成果转化

为了全面提升横向科研项目的理论深度，并加速纵向科研项目向生产力的转化，我们必须采取一系列切实可行的策略。

首先，高校科研管理部门的任务是纠正急功近利的倾向，确立长远的发展规划，并构建一套科学、合理的高校教师职称晋升评价体系。当前，受职称晋升压力及科研评估考核的影响，部分教师和科研人员过于追求短期成果，导致科研项目趋于小型化、低层次化及重复化。为扭转这一局面，我们需倡导摒弃浮躁与短视，鼓励教师和科研人员投身于大型、高层次、具有深远意义的科研项目。在职称评定与晋升过程中，应摒弃单一的经济效益或理论水平评价标准，而是要实现经济效益与理论贡献的双重考量，引导科研项目走向更加健康、持续的轨道。

其次，高校科研管理部门在科研选题上需发挥引领作用。对于横向课题，应兼顾其经济效益与理论价值；对于纵向课题，则需注重其理论深度及实践应用能力。通过构建科学、全面的选题与评价机制，确保科研项目既具备深厚的理论基础，又能有效转化为实际应用成果。

在产学研合作中，我们应始终坚守“以人为本”的原则，促进学校、企业与科研人员之间的尊重、互补、互利与共享。坚决反对行政干预下的成果强制使用或低价收购，通过完善激励政策，激发更多人员投身科研事业。我们期待通过与企业紧密合作，锻炼科研团队、提升科研水平、扩大社会影响力，同时为学校教学提供优质的实习基地。产学研合作及其基地的建设，将有力促进教师尤其是青年教师的实践能力提升，同时也有力于培养具备创新精神与实践能力的人才。

再次，加强科研人员的知识产权保护意识至关重要。当前，许多高校在科研成果管理上仍局限于鉴定与评价，忽视了知识产权保护的重要性。因此，我们必须树立并强化这一意识，防止科研成果的流失。高校科研管理机构应加大对知识产权保护的力度，将知识产权管理贯穿于科技活动的各个环节。同时，加快构建以专利保护为主、多种形式并存的科研成果管理及评价体系，切实保障科研教师和学校的权益。

最后，高校科研管理部门需不断提升自身的服务能力。作为科研管理的核心力量，我们应致力于提高科研成果的管理、推广、转化及产业化水平，拓宽服务范围与提升服务质量。通过加强内部管理、优化资源配置、提升人员素质等措施，为高校科研事业的蓬勃发展提供坚实支撑与有力保障。

五、加强科研管理中的组织文化建设

宽松和谐的环境与良好的组织文化建设是提升科研管理效能的重要保障。作为地方高校整体文化体系中的重要一环，科研文化建设对于塑造教师和科研人员的价值观、世界观、人生观以及影响他们的思维方式和认知模式具有深远而潜移默化的作用。因此，我们必须高度重视并切实加强学校科研文化的建设，从而为科研活动的蓬勃发展创造一个积极向上、充满活力的外部环境。

在构建科研文化的过程中，组织文化的建设尤为关键。组织文化，作为组织成员在长期共同实践活动中逐渐形成的独特精神风貌，它融合了组织自身的特性和民族文化的精髓，涵盖了共同的理想、信念、价值观念、历史传统、道德规范以及行为准则等多个维度。这些精神因素不仅约束着员工的思维与行为，更凝聚着员工的归属感、积极性和创造力，是推动组织不断向前发展的强大动力。

组织文化在科研管理中的作用不容忽视。首先，它具有鲜明的导向作用，能够为科研工作者指明方向，引导他们朝着共同的目标努力。其次，组织文化通过设定一系列的行为规范和道德标准，对科研工作者的行为进行规范和约束，确保科研活动的有序进行。再次，组织文化能够激发科研工作者的归属感和团队精神，增强组织的凝聚力，促进科研团队的高效协作。复次，组织文化还能够激发科研工作者的创新精神和探索欲望，推动科研活动的不断创新与发展。最后，组织文化具有辐射作用，能够将组织的价值观和理念传播到更广泛的领域，提升组织的知名度和影响力。

在加强组织文化建设的过程中，我们需要关注以下几个方面：一是要明确组织的核心价值观和使命愿景，为科研工作者提供清晰的方向指引；二是要建立健全的组织制度和文化规范，确保科研活动的有序进行和科研人员的行为规范；三是要注重培养科研团队的协作精神和创新能力，鼓励团队成员之间的交流与合作；四是要加强组织文化的传播和宣传，让每一位科研工作者都能深刻理解并认同组织的价值观和文化理念。

总之，加强科研管理中的组织文化建设是提升科研管理效能、推动科研工作持续健康发展的重要途径。通过构建积极向上、富有特色的组织文化，我们可以为科研工作者创造一个良好的工作环境和发展平台，激发他们的创新潜力和工作热情，为地方高校科研事业的蓬勃发展注入新的活力。

第三节　高校科研管理研究的范式

一、高校科研管理的能动性与创新性

（一）高校科研管理的能动性分析

1. 项目选题中的能动组织

科研活动本质上是教师在其学术领域内自由、自发、自主的探索过程，这一过程需要一个和谐、宽松且富有创造性的环境来滋养。在科研管理中，我们应充分尊重每位教师的独特研究个性和学术兴趣，同时，通过巧妙组织策划，将同一学术群体中各位研究者相对独立、自由的研究行为有机地联结起来，形成合力。这要求我们在选题设计时，不仅要关注单个选题的深度和广度，更要注重选题之间的逻辑关联，通过有意识地构建课题群，将多个相关选题紧密绑定，使本单位在某一时期内的研究项目能够聚焦某一特定领域或方向，形成明显的研究优势和特色。这种能动性的科研管理策略，不仅能够促进学科优势的快速形成，还能够激发教师们的创新潜力和合作意愿，为科研活动的深入发展奠定坚实基础。

2. 项目申报中的能动策划

项目申报虽然是科研人员自主进行的行为，但有效的管理策略能够显著提

升申报的成功率。与静态的、被动的管理方式相比，能动性的管理方式能够充分调动科研人员的积极性，并通过精心策划和协调，提高申报课题的中标率。具体而言，能动性管理包括以下几个关键步骤：首先，通过广泛宣传和动员，确保所有教师都能及时了解项目申报的相关信息，鼓励他们积极参与申报过程；其次，组织申报人员召开会议，进行课题的交流和协调，以避免重复申报和资源浪费，同时邀请专家进行评审要求和填表技巧的培训；最后，建立校学术委员会论证制度，对申报课题进行专业评估和指导，提出建设性意见，帮助教师优化申报方案，提高申报质量。这一系列能动性的策划措施，能够显著提升科研项目申报的针对性和竞争力，为成功获得资助奠定坚实基础。

3. 科研产出的能动设计

科研产出是科研活动的直接成果，包括论文、著作、专利、研究报告等多种形式。为了充分发挥这些成果的价值，科研管理者需要采取能动性的设计策略，将原本分散、缺乏沟通的研究成果有机整合起来。具体而言，可以通过精心策划和组织，将本学科人员的各类研究成果（包括硕士研究生、博士研究生的毕业论文）进行筛选和整合，出版成系列的学术图书。这样的做法不仅能够提升学科的整体影响力，还能够形成一个具有重量级的成果群，为学科优势的彰显和各级科技奖励的申报提供有力支撑。此外，通过能动性的科研产出设计，我们还能够促进学科内部的交流与合作，激发新的研究灵感和方向，为学科的持续发展和创新注入新的活力。

（二）高校科研管理的创新性分析

1. 管理意识创新

在科研管理的广阔舞台上，管理意识的创新如同灯塔，引领着科研航船破浪前行。管理创新必须与科技进步并驾齐驱，而创新意识则是这一旅程中的核心驱动力，它不仅塑造了科研管理人员的创新思维模式，更直接关乎创新成果的质量与深度。经验诚然宝贵，但仅凭过往的经验与直觉，难以应对日新月异的管理挑战。因此，深化管理意识，对于科研管理而言，具有举足轻重的意义。

管理意识的深化，首要在于明确科研管理的本质——它远非简单的事务性操作，而是一门深邃的管理艺术。科研管理人员需深刻认识到，自身所从事的，是对科研资源的高效配置与引导，是对科研活动方向与节奏的精准把控。

其次，管理意识中应融入“政策意识”，即要求管理者具备深入挖掘与剖析高校科研管理深层次问题的能力，敏锐捕捉政策导向，灵活调整管理策略，以适应不断变化的科研环境。最后，“理论意识”同样不可或缺，科研管理人员需在日常工作中不断总结实践经验，将其升华为理论成果，同时加强对管理理论的学习与探索，以理论指导实践，以实践丰富理论，不断提升管理智慧与水平。

2. 服务意识创新

科研管理的核心要义，在于全心全意地为科研事业及科研人员提供优质服务，通过卓越的服务品质赢得广泛支持，并以显著的贡献推动科技进步与社会发展。在这一宏伟使命中，科技管理人员作为科研管理体系中的关键创新力量，发挥着不可替代的作用。他们不仅需具备敏锐洞察科研趋势的前瞻能力，能够准确把握各学科领域的最新发展动态，还需拥有广泛搜集并整合前沿信息的高效技能。此外，科技管理人员更需展现出在课题申请组织协调方面的专业素养，确保科研项目的顺利进行。然而，更为重要的是，他们应将自己明确定位为科研人员的贴心服务者，紧密围绕科研人员的实际需求，积极为其排忧解难，努力营造一个有利于科研成果孵化与成长的优越环境，让创新的火花在这里自由绽放。

创新服务意识，意味着要不断探索更加高效、贴心的服务模式，如建立科研人员需求反馈机制，及时响应并解决其在科研过程中遇到的难题；举办科研方法与技巧培训，提升科研人员的专业素养与创新能力；构建科研成果展示与交流平台，促进科研团队间的互动与合作。通过这些举措，科技管理人员能够更有效地激发科研人员的潜能，提高科研项目的成功率，实现以较少资源投入来获取更多科研成果的目标。

3. 激励机制创新

激励机制作为科研管理的重要组成部分，其创新与完善对于调动科研人员积极性、促进科研特色发展具有重要意义。激励机制的建立，应紧密贴合现代科技发展的步伐，既要激发科研人员的内在动力，又要为科研活动的持续开展提供有力保障。

具体而言，激励机制的创新可从以下几个方面着手：一是全面激发科研人员的积极性与创造性，特别是针对那些拥有高学术水平和科研能力的核心科研人员，应给予更多的关注与支持；二是对学科带头人和重点科研方向实施特殊鼓励政策，确保科研资源的优先配置与重点投入，推动这些领域实现优先发展；三是引导科研人员围绕科研特色与优势领域进行深入研究与探索，通过设立专项基金、提供研究平台等方式，鼓励其为实现科研特色目标而努力奋斗。同时，激励机制还需注重物质与精神的双重激励，既要提供充足的物力、财力支持，又要营造尊重知识、尊重人才的良好氛围，让每一位科研人员都能感受到自身的价值与成就，从而更加积极地投身于科研事业之中。

二、高校科研管理的研究方法

（一）文献检索法

文献检索法是进行教育科学研究不可或缺的基础方法，它要求研究者对相关文献进行全面、客观、系统的搜集、整理、引用和分析。在探讨普通高校科研管理这一领域时，研究者可以通过在权威学术数据库中，如《中国学术期刊全文数据库》，输入“普通高校科研”或“普通高校科研管理”等关键词进行检索，从而获取大量相关的学术论文和研究资料。然而，值得注意的是，目前关于普通高校科研管理的研究大多聚焦于其某个具体方面，如管理模式、激励机制等，而较少有从整体上对其进行系统性和综合性的探讨。因此，运用文献检索法时，研究者需具备批判性思维，既要广泛搜集资料，又要善于筛选和甄别，以全面把握普通高校科研管理的现状、问题及发展趋势。

（二）比较研究法

比较研究法是一种通过对比不同客体之间的差异或共同点，以揭示其内在规律和本质特征的研究方法。在普通高校科研管理领域，运用比较研究法可以深入剖析国内外、不同高校之间科研管理的异同，发现各自的优势和不足，从而为改进和完善科研管理提供有益的借鉴和参考。具体而言，研究者可以从科研管理的组织结构、运行机制、资源配置、激励机制等多个维度出发，选取具有代表性的案例进行对比分析，以揭示不同管理模式的优劣及适用条件。通过比较研究，有助于高校找准自身在科研管理方面的定位，明确努力方向，同时借鉴他山之石，推动本校科研管理的创新与发展。

（三）行政管理法

行政管理法是高校科研管理中最常用且不可或缺的一种手段。它依靠行政组织的权威，通过制定和执行一系列规章制度、计划指令等行政手段，对科研工作进行组织、协调、控制和监督。高校科研管理机构，如科研处，作为行政管理的核心部门，承担着全校科研工作的全面管理职责，与上级科研行政主管部门及政府其他相关部门保持着紧密的业务联系。在行政管理法的运用过程中，计划指标的设置、管理条例的制定与监督实施等关键环节均体现了行政方法的权威性、服从性和强制性特征。

然而，值得注意的是，行政管理法并非万能，其运用需遵循科学原则，避免主观臆断和强制管理带来的负面影响。例如，在科研项目立项和经费分配时，应充分进行开题论证和专家评审，确保资源的合理配置和有效利用；在科研成果奖励方面，应建立科学合理的评价体系，避免单一行政手段导致的片面性和不公平性。此外，高校还应建立完善的监督机制，对行政管理法的运用进行规范和约束，确保其更加科学化、民主化和人性化。在推动高校科研管理创新与发展的过程中，既要充分发挥行政管理方法的作用，又要注重与其他管理方法的有机结合和互补共进，以形成更加高效、灵活的科研管理体系。

（四）专家管理法

科学研究事业以其高度的专业性和创新性特质，对管理工作提出了独特且严苛的要求，特别强调专家在管理过程中的核心地位与作用。专家管理作为高校科研管理的坚实基石，其重要性无须赘述。从项目评审、成果评奖到成果鉴定等核心环节，无一不依赖于专家的专业指引与高标准把控。为此，各高校科研管理部门均建立了完备的专家库，以确保在关键时刻能迅速集结各领域精英，为决策提供有力支持。

学术委员会，作为高校学术管理的至高权威，其成员遴选严格遵循《中华人民共和国高等教育法》规定，汇聚了各学科的顶尖专家。专家管理法的精髓，在于充分利用这些专家的深厚学识与丰富经验，通过他们专业的评审与评定，推动科研管理走向科学化、规范化的轨道。尽管这一理念在理论上或许仍有待完善，但在实践中，其已展现出不可小觑的成效。

专家参与高校科研管理的益处是全方位的。他们能以专业视角破除行政管理的非专业性障碍，实现真正的内行领导，从而提升管理效率与质量；在科研评价上，专家的权威意见更是能赢得科研人员的广泛认同与信赖。同时，专家管理还能确保高校科研紧跟科学前沿，精准把握科研选题的创新方向与价值所在，为高校科研的蓬勃发展指明道路。此外，专家管理所营造的宽松氛围，也极大地激发了科研人员的创新活力与积极性。

然而，专家管理并非毫无瑕疵。专家因其专业领域的局限性，可能在其他领域产生偏见或判断失误。更需警惕的是，专家腐败现象时有发生，如人情评审、利益输送等，这些行为严重侵蚀了科研的公正性与科学性。为此，我们必须建立健全的监督机制，将专家管理与行政管理紧密结合，鼓励科研人员勇于举报违规行为，并对查实的腐败案件实施严厉惩处，以确保专家管理的纯洁性与有效性。

（五）经济管理法

高校科研的经济管理法，作为一种以经济手段激励科研人员积极投身科研、提升科研效益的有效策略，显得尤为关键。这一方法，可概括为经济激励手段，其核心在于通过科研经费的慷慨资助、科研奖励金额的大幅提升，以及与住房、薪资、福利等经济利益紧密相连的激励措施，来激发科研人员的内在动力。

过往，我们在高校科研管理中对经济激励手段的运用略显不足，这无疑是一个显著的短板。而今，随着科研重奖原则的深入人心，我们有望借此极大地调动科研人员的积极性和创造力。奖励制度必须体现差异，确保那些真正杰出的科研人员能够获得与其卓越贡献相称的回报，从而吸引并留住社会精英，使他们能够心无旁骛地投身于科学研究，不为外界的名利所诱惑。

当前，高校科研管理的重要方向之一，便是积极推行经济管理法。在指导思想上，我们应坚定信念、大胆实践，勇于让科研人员通过合法途径富裕起来。高校人事改革的深化，特别是特聘教授岗位制度的实施，正是经济杠杆在高等教育管理中发挥作用的生动例证。而经济管理法的核心要义，在于构建一套科学、合理的奖励机制，确保奖励能够精准惠及科研一线，特别是那些拔尖人才，以充分激发他们的创新潜能。

当然，我们在推行经济管理法的同时，也应保持警醒，正视其可能带来的挑战。例如，高额收入是否会影响科研人员的科研热情？科研人员与社会其他群体之间的收入差距如何妥善处理？尽管这些问题目前可能尚未凸显，但绝不可掉以轻心。我们不应因噎废食，而应积极寻求经济管理法与行政管理法的有机融合，相互补充、相互制衡，共同推动高校科研管理迈向新的高度。

此外，专家管理与经济管理的结合同样至关重要。我们应充分发挥专家的专业优势，同时巧妙运用经济杠杆，强化专家在科研管理和评价中的核心作用。通过制定合理的经济激励措施，进一步激发专家的积极性和责任感，促使他们更加专注、高效地投身于科研管理和评价工作，从而共同构建一个既科学又高效的高校科研管理体系。

（六）人本管理法

人本管理，作为一种先进的管理方法，强调在高校科研管理中以“人”为中心，将人的需求和发展置于管理活动的核心位置。这种管理方法认为，科研活动的主体——教师和专职科研人员，是推动科研进步的关键力量。因此，高校科研管理部门应当深刻认识到人的重要性，通过实施一系列以人为本的管理策略，激发和调动科研人员和科研管理人员的主动性、积极性和创造性，使他们满怀热情、充满责任感地投入到科研工作中，共同推动科研课题目标的实现。

在人本管理的深入实践中，高校科研管理部门需精心构建一套全方位、多层次的激励体系，以精准回应科研人员复杂而多元的需求，尤其是他们对自我实现与社会贡献的深切渴望。这一体系应巧妙融合物质激励与精神激励的双重力量，深度激发科研人员的内在潜能与创造力。具体而言，管理部门应探索建立灵活高效、贴近科研人员特性的奖励机制，不仅提供舒适宜人的工作环境与优渥的生活条件，以有效消解科研人员可能的不满情绪，更将这份物质上的关怀转化为推动他们不断前行的精神动力。同时，应显著提升科研奖励的吸引力，通过合理提升奖金额度，并结合细致的定性评价与精准的定量考核，确保每位科研人员的辛勤付出与卓越贡献都能得到应有的认可与回馈。在此基础上，管理部门还应积极运用媒体平台，广泛宣传报道那些杰出的科研人员的科研成果与感人事迹，以此提升他们的社会影响力与公众认知度，让科研人员在收获精神上的巨大成就感与满足感的同时，更加坚定地投身于科研事业，持续燃烧他们的科研热情，为社会的进步贡献不竭的智慧与力量。

然而，人本管理并非仅仅强调激励而忽视约束。为了避免科研人员因过度追求名利而偏离科学研究的本质，科研管理部门还需要建立适当的约束机制。这种约束机制旨在规范科研人员的行为，确保科研活动的纯洁性和科学性。在实施约束机制时，科研管理部门应注重与科研人员之间的双向沟通，努力营造一种相互尊重、相互信任、相互了解的良好氛围。通过柔性化的管理措施和非强制性的手段，科研管理部门可以在不损害科研人员自主性和创造性的前提下，实现对其行为的适度引导和规范。

具体而言，人本管理中的约束机制可以通过以下几种方式实现：一是明确科研道德和学术规范，要求科研人员严格遵守；二是建立科研诚信档案，对科研人员的科研行为进行记录和评估；三是加强对科研成果的审核和验证，确保科研数据的真实性和可靠性；四是对于违反科研道德和学术规范的行为，及时给予批评教育和相应处罚。

总之，人本管理方法强调在科研管理中既要充分激发科研人员的积极性和创造性，又要通过合理的约束机制规范其行为。通过实施以人为本的管理策略，高校科研管理部门可以更好地促进科研人员的全面发展，推动科研工作的持续进步和创新。

（七）层次管理法

层次管理法是一种高效且有序的管理策略，它依据管理对象的不同特性，将管理工作划分为多个层次，以确保每一项管理任务都能得到精准而有效的执行。

1. 研究内容的层次管理

宏观层面：在这一层次，我们主要关注主导性课题的研究。这些课题往往涉及教育体制和结构的宏观改革，如教育政策的调整、教育理念的更新、办学思路的转换以及管理方法的创新等。这些研究对于推动整个教育体系的进步具有至关重要的意义。

中观层面：主体性课题的研究构成了中观层次的核心。这一层次的研究内容更加具体，主要聚焦于教育内容、教学方法、教育评价、课程设置以及师资培养等方面。这些研究旨在提升教学质量，优化教育资源配置，为学生的学习和成长提供更好的支持。

微观层面：在微观层次，我们主要关注基础性课题的研究。这些课题通常涉及具体的教学操作方法的改革或具体问题的解决，如教学方法的创新、教学技巧的提升等。这些研究对于提高教师的教学能力和学生的学习效果具有直接的促进作用。

2. 研究群体的层次管理

专职教育科研群体：这一群体由教育、学科教育专业人员组成，他们具备深厚的专业知识和研究能力，能够承接高水平的科研课题，推动教育科研的深入发展。

教师群体：作为教师群体，他们既是教育科研的参与者，也是教学实践的主体。他们关注教学实践中的问题，通过研究和探索，提出改进教学的建议和方法。

3. 管理方法的层次性

规划管理：在规划管理层次，我们主要确定各级教科研的方向、目标和研究重点，调动、组织和协调研究力量，确保科研工作的有序进行。

技术性管理：技术性管理关注教科研的进程，通过提供技术支持和指导，促进研究效益的最优化。这一层次的管理工作需要具备较高的专业素养和技术能力。

推广应用管理：在推广应用管理层次，我们致力于提高教科研成果的实际效益。通过推广和应用科研成果，推动教育实践的改进和创新，为教育事业的发展贡献力量。

（八）类型管理法

类型管理法根据管理内容的不同，将教育科研管理划分为多个类型，以确保管理工作的针对性和有效性。

1. 组织管理

组织管理强调建立一支具有合理学科结构、年龄结构和能级结构的学术梯队。这些学术梯队由各有所长的人员组成，具备承接综合性重大教育科研课题的能力。例如，重点高师院校和教育科研院所等机构，凭借其在学科、人才、科研水平和教育质量等方面的优势，成为国家教育研究的中坚力量。

2. 课题管理

课题管理涉及科研课题的选择、课题指南的制定、课题承担人的遴选、开题、课题进程的指导和检查、结题验收等多个环节。在这一过程中，我们不仅要关注课题的选题和研究方向，还要注重课题的可操作性和实证性研究，以确保研究成果的实用性和有效性。同时，成果管理也是课题管理的重要组成部分，包括评议、鉴定、申报、审查、登记、应用、推广、评价、奖励等环节。这些环节相互独立又相互关联，构成了一个有序的整体。

（九）系统管理法

系统管理法着重于将教育科研管理纳入一个更宽广的体系中进行综合考量与分析。随着社会的不断进步与教育系统自身的持续演进，教育科研管理面临着持续优化与革新的迫切需求。面对这一系列挑战，科研管理人员及相关专家需运用系统分析的视角，审慎制定一系列关键决策，涵盖新教育科研政策的出台、科研规划与课题指南的设定、经费的精准投入以及明确的目标要求等。这些决策旨在引领并激励研究团队积极践行优选方案，加速科研成果的转化应用，有力推动教育系统的革新与发展。

同时，系统管理法还倡导将科研管理置于国家人才培养战略与素质教育的宏大框架内进行审视。通过紧密贴合社会发展与教育科学进步的内在需求，管理活动应持续助力教育科研水平的提升，最终指向教师素质与教育质量的全面增强，以及学生的全面发展。这一核心理念不仅奠定了管理的价值导向与科研的终极目标，更为教育科研管理的持续精进提供了坚实的保障。

从经验型管理向科学化管理的转型，是教育科研管理发展的必然路径。为此，我们需针对不同管理任务展开深入的系统分析。系统分析作为科研管理的核心环节，其复杂性与系统性要求我们必须借助现代管理科学的先进方法与技术进行精准处理。在教育科研管理中引入并发展这些方法与技术，既具有可行性，也显得尤为必要。通过系统分析，我们能够更深刻地洞察教育科研管理的本质规律，为制定更为科学、合理的管理策略奠定坚实基础，从而有力推动教育科研管理迈向新的高度。

第二章

高校科研的指导与管理

第一节　高校科研指导思想

为了确保哲学社会科学在高校及整个学术领域中的重要地位得以稳固确立，我们必须着手构建一套科学而完善的管理体制。这一体制旨在从根本上解决“说起来重要，做起来次要”的尴尬局面，确保哲学社会科学与自然科学在学术资源配置、发展规划以及政策支持等方面享有同等的重视和待遇。

在具体实施上，我们要将哲学社会科学与自然科学并置，进行全局性、全程性和全面性的统一规划。这意味着，在师资建设、学科建设、经费投入以及学术氛围营造等各个环节，都要确保哲学社会科学得到充分的关注和投入。同时，要明确各部门的职责和权利，确保各项工作有序、高效地推进。这包括制定具体、可行的目标、规划、要求和措施，以保障哲学社会科学研究队伍的不断壮大、经费的持续增长以及研究水平的稳步提升。

此外，我们还要确保“四个同等重要”（哲学社会科学与自然科学在学术地位、资源配置、政策支持以及人才培养等方面的同等重要性）在高校各项工作中得到切实体现。这要求我们在制定政策、分配资源以及评估成果时，都要坚持公平、公正的原则，充分尊重哲学社会科学的独特价值和贡献。

在科学发展观的指导下，我们需要正确认识和处理学校发展过程中的一系列基本矛盾关系，特别是科研与学科建设、科研与人才培养之间的协同发展问题。

在科研与学科建设的关系上，我们要明确科研的方向和成果是学科建设的重要支撑和标志。学科建设应根据科研的需要不断调整研究方向，以适应科学研究的最新进展和趋势。通过长期发展，科学研究会形成若干个学科和研究方向，这些方向在纵深发展中会与其他学科和研究方向形成明显的区别，进而形成稳定的学科体系。同时，我们也要重视通过多学科交叉研究、联合攻关等方式，推动新兴学科和研究方向的形成和发展。

在科研与人才培养的关系上，我们要坚持科研与人才培养的相互促进和融合。高等学校作为教学和科研的双重承担者，应重视科研成果向教学的转化，使科研成为推动教学改革和教学质量提升的重要动力。同时，科研管理人员也要对学校的整体发展和人才培养进行通盘考虑和规划，为人才培养提供有力的科研支持和保障。

在科研工作中，我们还需要正确认识和处理数量与质量、个人与团队等关系，以促进科研水平与人才素质的共同提高。

科学研究需要一定的数量作为基础，但质量才是其生命线。没有数量的积累，就难以产生高质量的研究成果；而缺乏质量的提高，数量的增加也就失去了意义。针对当前我国哲学社会科学研究中高质量精品较少的问题，我们需要建立起一套既能保证数量又能引导和强调质量的评价标准和机制。这要求我们在评价科研成果时，既要注重数量的积累，更要关注质量的提升和创新性的突破。

在个人与团队的关系上，我们要充分发挥学科带头人和学术骨干的引领作用，通过他们的战略设计、宏观规划和全面协调，改变个体分散、零敲碎打的局面，形成人才梯队和学术团队。同时，我们也要尊重科研人员的独立研究和自由研究的特点，为他们提供宽松、自由的学术环境。通过加速高校哲学社会科学创新团队建设和学术带头人培养工作，我们可以造就一批具有深厚理论功底、勇于开拓创新的学科带头人和青年理论骨干，为哲学社会科学的发展提供坚实的人才保障。

第二节　高校科研管理的基本原则与价值导向

一、高校科研管理的基本原则

（一）公平合理原则

在高校科研管理中，公平合理原则是一项基本且至关重要的准则。这一原则强调，无论科研人员的资历、职位或背景如何，都应受到平等对待，确保每位科研人员都有公平竞争的机会。在科研选题的评审过程中，应摒弃对申报者个人的偏见，专注于评估课题本身的质量、创新性和可行性。年轻科研人员与知名专家学者在科研领域应享有同等的竞争机会，这样才能促进科研领域的推陈出新，并有利于选拔和培养年轻有为的科研人员。

然而，在实际操作中，公平合理原则往往难以得到全面贯彻。例如，在教育部规定的科研项目申报中，重点学校和普通地方高校的教师往往面临不同的待遇。由于历史原因和资源配置的差异，重点学校通常更容易获得科研资助和机会，而地方高校的教师则可能面临更多的挑战。这种不公平的现象不仅限制了地方高校教师的科研发展，也阻碍了整个科研生态系统的多样性和创新性。

因此，在制定和运用科研管理的各种方法时，必须始终坚持以公平合理原则为指导，避免个人意志和偏见对科研管理产生负面影响。公平并不意味着平均主义，而是在充分认可科研能力和贡献的基础上，为所有科研人员提供平等的机会和资源。只有这样，才能真正激发科研人员的积极性和创造力，推动科研事业的持续健康发展。

（二）支持重点原则

在高校科研管理中，支持重点原则是一项具有战略意义的管理策略。这一原则强调将有限的科研资源集中投入到那些具有显著科研能力和潜力的项目、团队或个人上，以推动重大科研成果的产出和高端科研人才的培养。

以培养选拔学术带头人及科研队伍建设为例，支持重点原则的实施可以显著提高科研管理的效率和效果。通过集中资源支持那些已经展现出卓越科研能力和成果的学者和团队，可以加速他们的成长和发展，进而带动整个科研领域的进步。同时，这种支持也有助于吸引和留住优秀的科研人才，为高校科研事业的持续发展奠定坚实基础。

然而，在实施支持重点原则时，也需要注意避免盲目性和片面性。高校科研管理部门应全面了解“重点支持对象”的综合素质和科研潜力，确保资源的投入能够产生最大的效益。此外，还应关注科研生态的平衡和多样性，避免因为过度支持某些领域或团队而忽视其他同样具有潜力的研究方向和人才。

同时，支持重点原则也应与人才流动和激励机制相结合。高校应通过建立合理的科研评价和奖励机制，激发科研人员的积极性和创造力，同时为他们提供更多的发展机会和资源支持。在支持重点人才的同时，也要关注其他科研人员的成长和发展，确保整个科研团队的和谐与稳定。

总之，支持重点原则是高校科研管理中不可或缺的一项策略，它有助于推动科研事业的快速发展和高端科研人才的培养。但在实施过程中，需要注意平衡和多样性，确保科研资源的合理分配和有效利用。

（三）“以人为本”原则

在科研管理中，“以人为本”的理念是现代社会管理的核心理念之一，它强调将人的需求和发展放在首位，以此推动科研活动的持续进步。科研人员、高校教师是高校科研活动的灵魂和核心，他们的积极性、创造力和专业素养直接关系到科研活动的质量和效率。因此，对人的管理成为高校科研管理的重中之重。

提高科研效率和调动科研人员的积极性，是科研管理需要解决的核心问题。科研管理的对象广泛，涵盖了科研人员、科研经费、科研设备、资料、仪器等多个方面，即人、财、物等多个维度。其中，在这些要素中，人始终处于主导地位，发挥着至关重要的作用。这包括从事高校科研活动的教师、学生、实验室技术人员、后勤服务人员，以及科研管理人员等各个层面的人员。

进行科学研究，离不开经济活动的支持。随着研究规模的扩大和科研人员的增多，经济活动也愈发复杂。同时，科学研究也离不开必要的科研条件。在自然科学领域，实验室、仪器、设备、药品等是不可或缺的；而在社会科学领域，图书、资料、信息、计算机等则是基础研究的基础。

确立“以人为本”的管理原则，意味着要充分考虑和满足“人”的需求。我们要将科研人员视为“科研人”，而非仅仅看作“科学家”，关注他们的实际需求和发展空间。为了贯彻这一原则，我们需要采取多种激励措施，如经济奖励等，以激发科研人员的积极性和创造力。当前，高校设立特聘教授岗位、加大科研奖励力度等做法，都是“以人为本”管理原则的具体实践。这些措施为高校科学研究注入了新的活力，推动了科研活动的蓬勃发展。

然而，贯彻“以人为本”原则并不意味着忽视职业道德建设和精神文明建设。在充分重视科研人员“人”的需求的同时，我们还需要在政治上关心他们、信任他们，引导他们树立良好的科研道德品质和科学精神。这包括培养他们的创新精神、团队协作精神、诚信意识和社会责任感等，这些都是科研活动中不可或缺的重要品质。

最后，需要指出的是，高校科研管理还涉及其他诸多原则。例如，科学性原则要求所有管理措施、方法、实践和政策都必须符合科学的要求，确保科研活动的严谨性和有效性；坚持党的领导原则则强调在科研管理中要发挥党组织的领导核心作用，确保科研活动的正确方向；此外，还要坚持社会主义方向原则、民主集中制原则以及制度化、规范化原则等。这些原则共同构成了高校科研管理的完整体系。在实际工作中，我们需要根据具体情况灵活运用这些原则，以实现科研管理的最优效果。

二、高校科研管理的价值导向

（一）市场需求的价值导向

在市场经济条件下，需求的多样化和时效性对高校科研管理的导向作用日益显著，极大地推动了高校科研技术开发与创新的步伐。市场需求的价值导向虽然是间接的，但它通过影响科研活动的市场潜力和应用前景，促使那些具备市场发展潜力的科研项目逐步转化为现实需求。高校科研部门需紧密关注市场动态，根据市场需求调整研究方向，选择市场竞争中亟待解决的关键技术问题作为研究重点。通过理论结合实际，提炼出解决这些技术难题所需的新科学知识，进而开展具有技术导向性的基础研究。这种以市场为导向的科研管理模式，不仅能够提升高校科研成果的转化效率，还能增强高校科研活动的社会价值和经济效益。

（二）方针政策的价值导向

进入 21 世纪，全球新科技革命迅猛发展，孕育着新的重大突破。信息科技、生命科学、能源科技、航天科技等领域正引领着科技进步的潮流，对全球经济和社会发展产生深远影响。国家的宏观科技发展战略、经济政策以及各类社会发展方针政策，对高校科研管理具有不可忽视的价值导向作用。这些政策不仅为高校科研项目指明了发展方向，还通过提供人才、资金、区域发展导向等优惠政策，鼓励高校科研积极服务于国家和地方经济发展。高校应紧跟国家政策导向，结合自身优势资源，聚焦国家重大科技需求，开展前沿性、创新性的科学研究，为经济社会发展贡献力量。

（三）社会舆论的价值导向

随着经济、科技与社会的快速发展，人们开始更加关注社会可持续发展问题，包括资源节约、生态环境保护、医疗卫生水平提升等。社会舆论的价值导向对高校科研管理产生了深远影响。特别是在节约资源、保护生态环境、提高医疗卫生公共事业水平等方面，社会舆论的强烈呼吁促使高校科研活动向这些领域倾斜。例如，针对农业发展新技术、黄土高原生态治理、重大疾病防治、大气污染与水资源污染控制、地质灾害预防等研究，已成为当前高校科研的重要方向。高校应积极响应社会舆论的导向，加强相关领域的科研投入，为解决社会面临的紧迫问题提供科技支撑。

（四）核心业务的价值导向

随着科技的不断发展，任何技术都有其发展的局限性。因此，高校科研管理的价值导向应逐步聚焦于科研技术创新中的核心业务，致力于开发新的独有技术。这一行为导向不仅与科技核心业务紧密相关，也是科学前沿领域进行开拓性探索研究的重要要求。高校应深入分析自身科研优势和技术特长，明确核心业务领域，加大投入力度，推动核心技术突破和创新。同时，还应关注跨学科交叉融合的新趋势，积极探索新技术、新工艺、新材料的应用潜力，为科研创新开拓新的增长点。通过聚焦核心业务的价值导向，高校科研管理将更加精准地定位研究方向，推动科研成果的高效转化和应用。

第三节　高校科研管理职能

一、建立符合学术自身规律的学术规范，形成科学的评价体系

为了构建一个健康、有序的学术环境，我们首先需要建立符合学术自身规律的学术规范，并据此形成科学的评价体系。这一过程涉及对学术活动的全面审视和细致管理，旨在从源头上杜绝学术腐败、学术不端及学术不道德行为的发生。

在学术活动的关键环节，如学术写作、署名、引注、发表、宣传、评奖等，我们必须制定明确的规范和要求，并对学术腐败、学术不端行为进行细致分类和有效管理。针对不同的责任主体，如教师与学生、校内与校外人员，以及不同的违规情形，如行贿、剽窃、虚假引用、数据篡改等，我们应实施差异

化的处分措施。这些措施可以包括但不限于通报批评；撤销学术职务；取消访学、休假、申报项目资格等，以确保学术规范的严肃性和权威性。

为了确保学术规范的执行力，我们需要制定具有可操作性的民主、保密、高效的责任追究机制和处理程序。为此，我们建议充实学术规范与学风建设委员会（或类似组织）的组成，扩大其代表性，并科学设置事件调查的人员与权限。同时，我们还需要完善争议处理中的回避、听证、会议召集、表决、执行、公开与保密等制度，以确保学术争议处理的公正性和透明度。

为了促进学术界的自我净化和自我提升，我们还应鼓励学术批评。为此，我们可以提供政策支持，鼓励学者创办网站、主办刊物和举办以学术批评与学术争鸣为主题的学术会议。通过这些平台，学者们可以自由地表达学术观点，进行学术交流和碰撞，从而推动学术的规范化和创新化。

在科研项目的申报、中期检查、结项以及科研成果的认定、考核、评价与奖励等环节，我们应实行合同管理，强化责任约束。对于争议问题，我们应依照规章，遵循程序，确保调查公开、评议公开与处理公开，以维护学术诚信和学术环境的健康发展。

通过这些综合措施的实施，我们可以构建一个更加公正、透明和高效的学术评价体系。这个体系不仅能够有效地防范和惩治学术腐败与学术失范行为，还能够激发学者们的创新精神和研究热情，推动学术界的持续繁荣和发展。

二、完善科研管理人员的梯队建设，提高科研管理人员的业务素质

为了构建一个高效、专业的科研管理团队，我们必须完善科研管理人员的梯队建设，并致力于提高科研管理人员的业务素质。这一目标的实现需要我们从多个方面入手，采取一系列切实可行的措施。

首先，在高校校级管理队伍中，我们应积极引入具有硕士和博士学位的高层次人才。这些高层次人才具备深厚的学术素养和专业知识，能够为科研管理带来新的思路和方法。通过他们的加入，我们可以增强科研管理的专业性和深度，提升科研管理的整体水平。

其次，我们应推行校院两级管理体制，确保每个承担科研任务的学院、部门、研究所和中心都配备有专职科研秘书。这些科研秘书将负责日常管理工作，包括项目申报、中期检查、结项以及成果评审等关键环节的协调与跟进。为了确保科研秘书的工作质量和效率，我们应根据年度科研管理工作的任务与计划，对日常工作与临时事项进行细化分解，并量化指标。这些指标将作为科

研秘书半年或年终考评的基本依据，以激励他们更加努力地工作。

为了提升科研管理人员的专业知识和操作技能，我们应定期邀请校内外社科管理专家进行专题讲座。这些讲座将围绕项目申报、中期检查、结项以及成果评审等关键环节展开，为科研管理人员提供最新的管理理念和方法。同时，我们还应建立校际日常管理经验的学习沟通渠道，促进各高校之间的管理经验交流与共享。这将有助于我们借鉴他人的成功经验，避免走弯路，提升科研管理的整体水平。

在科室管理层面，我们应实行开放式办公，公开科室职责、岗位要求与人员岗位资料。管理人员需持证或佩戴胸卡上班，以自觉接受所有办事人员的监督。这种开放式办公模式将增强工作的透明度和责任感，提升科研管理的公信力和形象。

最后，我们还应在处室职能中增加督办督查一项，以确保及时处理相关投诉并回馈相关建议。这将有助于提高管理效率和服务质量，为科研人员提供更加优质的管理服务。通过这些措施的实施，我们可以构建一个高效的科研管理梯队，为高校科研工作的顺利开展提供坚实的管理保障。同时，这也将推动高校科研管理从“过程管理”向“目标管理”的跨越，实现科研管理的现代化和科学化。

三、强化服务意识，丰富服务内涵

作为校级科研管理员或院部级科研秘书，我们需深刻认识到，管理本质上是一种服务。在业务实践中，我们应树立“管理即服务”的理念，通过服务实现职能定位、参与学术创新、实现自我价值。为此，我们将从以下几个方面强化服务意识，增加服务内容：

首先，完善档案信息管理，构建高效的档案管理体系。我们将依托校院两级管理体制，建立两级档案库，根据机构、项目、成果、会议、专家、文件规章、刊物等类别，分级、分层、分事项建立详细的文档库。这些文档库将包括在校科研处与院部科研办公室建立的主档案库，与校图书馆合作建立的成果档案库，以及与人事处合作建立的专家档案库等。所有档案库资料均对管理对象开放，确保科研人员能够便捷地查询和复印所需资料，提升科研工作的效率和质量。

其次，加强信息化建设，提升科研管理服务水平。我们将投入更多资源，进行科研管理网络的升级改造，建立校级科研管理局域网。同时，我们将跟踪熟悉专业应用软件，聘请专业人才进行网络路演讲解，确保科研人员能够熟练使用这些工具。此外，我们还将配备专人进行网站维护管理，负责网页内容的日常更新，包括重要信息的发布、科研会议讲座内容的上传与网络论坛秩序的维护等，为科研人员提供及时、准确的信息服务。

再次，建立信息报送与交流机制，促进科研信息的共享与交流。我们将通过相关文字平台与科研信息网络平台，定期进行校院两级信息报送反馈与校内外、国内外科研信息的共享。这包括科研管理规章制度及相关文件的即时上网、学术会议讲座的事前通知与事后材料汇总、管理先进经验与典型案例的筛选、优秀管理文章的交流研读等。同时，我们将加强与上级管理单位的联系，利用网络、报刊等平台，即时公布相关成果与成果转化的信息，并积极利用校外广泛的科研资源对校内科研团队与人员进行信息快递，加快以项目为纽带而进行的国内外学术资源整合。

最后，在涉及成果认定、科研评价以及争议处理的事项上，我们将增加民主听证程序、公开办事流程与操作细则，赋予相关人员更多的程序性申辩权利等，确保科研管理工作的公正、透明和有效。

四、实现从“过程管理”向“目标管理”的跨越，提升科研管理水平

随着单科性大学向多科性研究型大学的转型，科研管理的复杂性和多样性显著增加。为了适应这一变化，我们必须实现从传统的“过程管理”模式向“目标管理”模式的转变。这种转变要求我们更加注重科研管理的结果和效益，而非仅仅关注过程。

为了实现这一转变，我们将采取以下措施：首先，将粗放式的事后被动管理转变为可操作的事先目标化管理，实现管理的精细化和量化。我们将在机构、项目、经费和成果等方面进行处室内部分解，并在各个教学科研二级单位实现具体量化分解。这包括机构的申请成立、年度检查、举办学术会议的备案登记；项目的申报、中期检查、结项、成果转化；经费的拨付、报销的数额控制与事项审查；以及非经常性任务或临时安排等。

其次，我们将设计年度科研工作指导量化分解表，科学设置数值，并根据每年的实际工作安排与要求进行分类。通过按照具体发展情况打分核定，我们可以对科研工作进行量化评估和管理。这种量化管理不仅为督导检查提供了基本依据，还打破了科研管理中可能出现的被动局面，实现了动态可预期的终极效果管理。

最后，通过实施“目标管理”模式，我们将确保科研管理工作的主动性、

预见性和有效性。我们将根据科研目标和计划，合理配置资源，优化管理流程，提升科研效率和质量。同时，我们还将加强对科研成果的转化和应用，推动科研成果向现实生产力转化，为学校的科研发展提供坚实的管理保障。

五、支持并推广“产学研”一体化的科研运作模式

哲学社会科学研究不仅是国家社会发展的思想引擎，更是推动社会进步的重要智力资源。为了充分发挥其潜力，我们应积极依托学校的科研政策支持，探索并实践一条“产学研”一体化的科研运作模式。这一模式将“产”（成果转化与应用，体现为市场化的效益）、“学”（教学与人才培养，涉及现有知识的传播与技术的推广）、“研”（通过科学研究实现知识体系的深化与升华）紧密结合，旨在促进科研成果的快速转化与应用，同时推动教学与人才培养的同步发展。

为了实现这一目标，我们可以采取多种策略。首先，通过建立实验基地，开展形式多样的实证研究，为科研成果的转化提供实践平台。这些基地不仅有助于验证理论的可行性，还能加速科研成果向实际应用的转化。其次，通过举办高级研修班、学术论坛等活动，加强与实务部门的联系与合作，推动理论研究成果更好地服务于社会实践。最后，我们还应鼓励科研机构积极参与国际国内大型学术会议，扩大其影响力，并通过公众媒体加强宣传推介，提升科研机构的知名度和品牌价值。

在新的科研体制下，管理部门应扮演更加积极的角色，为科研机构创造更多“走出去”的机会。通过加强与行业实务部门和社会机构的合作，我们可以扩大科研机构的合作范围，孕育出更多符合专业要求与课题特征的成果孵化形式。同时，在人才培育、课题选择与研究、成果转化与推介等方面给予更多的政策扶持，以激发科研机构的创新活力，推动其持续健康发展。

随着学校科研体制改革的不断深入，科研管理职能的转变显得尤为重要。科研管理的核心在于营造健康宽松的学术氛围，维护良性的科研运作秩序，并通过信息集散、政策扶持等手段，最大化地拓展服务渠道与功能。通过支持并推广“产学研”一体化的科研运作模式，我们可以期待在校内各级科研机构内孕育出一种能够不断循环再生的科研运行模式，为哲学社会科学研究注入新的活力与动力。

第四节 高校科研管理体制构建

一、基于课题制的高校科研管理体制

（一）基于课题制的高校科研管理体制的实施背景

基于课题制的高校科研管理体制的实施，其背景源自对传统科研活动组织治理模式的深刻反思与迫切的改革需求。长期以来，我国在探索高效、科学的科研管理模式上进行了不懈的努力，尝试了包括基金制、合同制、同行评议制度等多种机制，以期解决科研活动中存在的资源配置不合理、科研人员创新动力不足、经费管理不规范等深层次问题。然而，这些机制在实际应用中并未能完全达到预期效果，科研活动的组织和管理仍然面临诸多挑战。

在这种背景下，课题制作为一种创新的科研治理模式应运而生。课题制遵循公平竞争、择优支持的原则，通过严格的立项程序确定研究课题，并以课题（或项目）为核心，以课题组为基本活动单位，进行科研活动的组织、治理和研究。这种模式打破了传统以单位为中心的计划任务管理模式，更加强调项目的竞争性和科研人员的自主性，从而有效提升了资源配置的效率，激发了科技人员的创新潜能。

课题制的实施还与我国科研经费管理制度的改革紧密相连。改革开放以来，我国逐步下放科研经费使用管理权限，增加了科研单位的自主权。特别是近年来，随着《中共中央国务院关于深化体制机制改革加快实施创新驱动发展战略的若干意见》和《关于进一步完善中央财政科研项目资金管理等政策的若干意见》等一系列科研改革政策的出台，为课题制的实施提供了坚实的政策基础。这些政策不仅鼓励科研创新，还优化了科研经费管理，为课题制的顺利推行创造了有利条件。

此外，高校作为科研活动的重要基地，面临着提升科研能力和创新水平的巨大压力。课题制的引入，为高校科研管理带来了全新的思路和方法。它有助于高校优化科研资源配置，提升科研活动的效率和质量，促进科技成果转化和应用。同时，课题制也要求高校科研管理部门转变观念，采用更加灵活、高效的管理方式，加强对科研活动的监管和激励，为科研人员提供更好的服务和支持。通过实施课题制，高校可以进一步激发科研人员的积极性和创造力，推动科研事业的持续健康发展。

（二）基于课题制的高校科研管理体制完善的建议

1. 构建全面课题库与个性化科研人员信用机制

为了更有效地管理科研项目，我们首先需要建立一个全面的课题库，该课题库应涵盖各类科研计划信息，确保信息的透明度和共享性。课题库的建立不仅有助于避免科研项目的重复立项，提高科研资源的利用效率，还能够为科研人员提供一个统一的资源平台，促进科研合作的深化。

同时，为了进一步提升科研管理的精准性和有效性，我们还应建立个性化的科研人员信用机制。这一机制应基于科研人员的研究活动记录，全面、客观地反映其研究效率和成果质量。通过将科研人员的信用状况与经费资助挂钩，可以激励科研人员更加专注于高质量的科研工作，提升科研项目的整体质量。此外，这一机制还能够与公示制度相结合，使科研活动直接接受社会的监督，增强科研管理的透明度和公信力。

2. 构建科学、合理的科研评价体系

科研评价体系的科学性和合理性对于引导科研活动健康发展至关重要。传统的科研评价体系往往过于注重数量指标，如课题数、课题级别和经费数等，这种评价方式容易导致科研活动的短期化和功利化。为了改变这一现状，我们需要逐步构建以知识生产率、知识创新程度和知识存量等为核心指标的评价体系。这一新体系应兼顾定性和定量评价，确保评价结果的全面性和准确性。

在新的评价体系下，我们将更加注重科研活动的长期效益和创新能力，鼓励科研人员深入挖掘科研潜力，形成具有持续影响力的科研成果。同时，我们还将加强对科研团队和科研方向的引导，促进科研资源的优化配置和科研力量的有效整合。

3. 完善课题制实施的配套制度与条件

为了保障课题制的顺利实施，我们需要进一步完善相关的配套制度和条件。首先，应加大对课题制的宣传力度，使课题组和所在单位明确各自的责权利，规范各自的行为。同时，我们还应逐步放开户籍、人事、分配等制度限

制，降低合作研究的系统成本，促进科研资源的自由流动和高效配置。

作为课题依托单位，高校应制定与课题制相适应的相关制度和办法，确保科研项目的顺利推进。其中，设立科研财务是重要一环，可以使科研项目管理与财务管理紧密衔接。通过设立专人对项目进行全程财务监督和管理，实现从项目申报、过程管理到验收的全过程财务管理，确保科研经费的合理使用和有效监管。

此外，高校还应协调资产、财务、后勤等部门，为课题组提供高效的服务支持体系和宽松的研究环境。通过建设数字化图书馆和高效网络，为科研人员提供便捷的知识获取途径和科研设备采购渠道。同时，建立科技网络管理系统，对项目采取实时的动态管理，提高管理效率，确保科研项目的顺利进行。

二、基于团队式的高校科研管理体制

（一）高校建设科研创新团队的重要作用

1. 优化学科资源，促进学科交叉融合

高校科研工作中，常面临规模有限、力量分散、资源整合难度大等问题，这不仅阻碍了学科体系的完善，也限制了学科交叉、渗透与融合的可能性。科研团队的建设，旨在打破学科壁垒，优化资源配置，形成合力。通过整合校内各学科的优质资源，包括设备、人力等，可以打破原有的封闭状态，促进学科间的交流与合作。这种整合不仅有助于形成全面的学科体系，还为跨学科研究提供了可能。科研团队能够充分发挥群体优势，形成设备与人力资源的有效凝聚，建立全新的合作、运行、共享和交流机制。通过争取和承担重大科研课题，科研团队能够培养团队精神，产出具有前瞻性和显示度的研究成果，从而营造良好的科研氛围，提升高校的整体科研水平和能力。

2. 提高科研绩效，激发创新活力

科研团队的核心价值在于其高效性。一个真正的科研团队，必须能够展现出卓越的绩效，而非低效或平庸。科研团队通过合理的组织分工、明确的目标设定、适度的工作压力以及有效的沟通与合作机制，能够激发团队成员的创新潜能。在科研团队中，科研人员能够在高度集中的精神状态下工作，更容易受到启发，产生创新性的想法。团队成员之间的信息共享、知识传递以及资源的

合理配置，使得科研团队能够比个体更快地获取信息，解决更复杂的问题，适应更快速的环境变化。这种集聚效应使得科研团队的绩效水平远高于个体成员的总和，从而提高了科研水平，增强了科研实力。

3. 促进高层次人才培养，提升学术水平

高层次人才的培养是科学研究和学科建设的关键。科研团队通过承担重大科研项目，能够充分发挥每个成员的潜能与价值，促进学术水平和人才培养质量的提升。在科研团队中，成员们能够相互学习、相互启发，形成良性循环。通过参与重大科研项目，成员们能够积累丰富的实践经验，提升科研能力和学术水平。同时，科研团队的建设还有助于形成一支高水平的学科队伍，使得高层次人才和其他层次人才相互依存、共同发展。这种良好的人才生态环境有助于人才的健康成长和大量涌现，为高校的科学研究和学科建设提供坚实的人才保障。

4. 营造良好的科研环境，激发创新热情

为科研团队营造宽松的科研环境和自由探索的学术空间，是科研团队发展的必要条件。在宽松的环境中，学者们能够更自由地思考、探索和创新，从而更快速地成长。科研团队的建设有助于打破个人认识的局限性，促进学术交流和批判性思考。在平等、民主、自由、活跃的学术氛围中，团队成员可以对学术问题进行深入交流、讨论和辩论，从而推动创新性研究的开展和创新性成果的产出。高校应努力改善科研工作者的工作和生活环境，尊重科学家的自由研究权利和个人禀赋，培育不浮躁、不哗众取宠的学术氛围。同时，提倡对科学研究的宽容态度，鼓励人才敢为人先，为科研团队的发展提供适宜的生存环境与气候。

5. 探索基层科研组织改革，提升科研竞争力

随着科学技术的发展，高校的教学和科研组织形式也在不断演变。传统的教研室、学科部等组织形式已经难以适应现代科研的需求。科研团队作为一种多功能性组织，具有研究职能和学习型组织的特点，是推动学校科研竞争力提升的有效组织形式。通过建设科研团队，高校可以打破原有的组织和学科界限，积极探索跨学科、跨单位合作的科研组织形式。这种多样化的科研组织形式有助于实现科研人力资源、物力资源和信息资源的合理配置和高效利用。通过科研团队的建设，高校可以提升科研队伍的整体实力，保持科研工作的后劲和活力，为学校的持续发展提供有力支撑。

（二）对高校科研创新团队管理提出的建议

1. 健全多维度激励机制

健全的科研激励机制是激发科研团队与科研人员积极性和主动性的关键。一个完善的激励机制不仅能够保持科研团队的旺盛生命力和强大吸引力，还能推动科研工作的顺利开展，促使科研人员全身心投入研究，从而取得更加丰硕的研究成果。高校应根据自身的特色和定位，坚持绩效优先的原则，强化科研项目完成的质量和成果水平，建立一套既符合学校实际又能有效调动广大教师科研积极性的激励机制和运行机制。

这一激励机制应涵盖多个维度，包括但不限于岗位津贴、工作量考核、职称评定、住房等实际利益方面。同时，高校还应注重通过激励政策营造良好的学术氛围，避免急功近利和过分强调成果数量的倾向。通过优化资源配置，确保科研团队能够获得与其贡献相匹配的回报，从而激发其持续创新的动力。

此外，高校还应关注科研人员的个人发展和职业规划，为其提供广阔的职业发展空间和晋升机会。通过定期举办科研交流和培训活动，提升科研人员的专业素养和创新能力，进一步增强其科研工作的积极性和创造力。

2. 构建全面评估机制

为了加强团队建设的管理并确保其取得实效，高校应建立一套严格的评估机制。这一机制应对科研团队实行动态管理，及时掌握团队的发展状况，并根据实际情况进行调整。通过引入竞争机制，采用滚动式资助建设模式，可以激发团队的竞争意识和创新能力，推动其在竞争中不断成长和壮大。

评估机制应涵盖多个方面，包括科研成果的质量、数量、创新性以及团队的组织管理、协作精神等。同时，评估指标应考虑不同学科的特点和差异，确保评估结果的全面、客观和公正。通过定期对科研团队进行评估，可以促进其不断提高科研水平，总结经验教训，及时采取改进措施，加强团队建设和管理。

此外，高校还应利用评估机制推动科研团队的自我完善和持续发展。通过评估结果的反馈和指导，帮助团队明确自身的优势和不足，制定针对性的改进措施和发展规划，为团队的长期稳定发展奠定坚实基础。

3. 强化科研团队目标管理

高校科研团队的目标管理对于引导科研工作方向、激发团队积极性和创造力具有重要作用。明确的目标不仅能够为科研工作提供明确的方向和指导，还能增强团队成员对团队角色和整体目标的认可度，从而调动每位成员的积极性。

为了实现有效的目标管理，高校应首先明确科研团队的发展目标和方向，确保其既符合学校的整体发展战略又具有一定的前瞻性和挑战性。同时，高校还应将目标细化到具体的科研项目和团队成员上，确保每位成员都能明确自己的职责和任务。

在实施目标管理的过程中，高校应注重过程监控和结果评估。通过定期检查和评估团队目标的实现情况，及时发现和解决问题，确保科研工作始终沿着正确的轨道前进。同时，高校还应鼓励团队成员积极参与目标制定和评估过程，增强其归属感和责任感。

4. 加强团队带头人的培养与扶持

团队带头人是科研团队的核心和灵魂，其素质和能力直接关系到团队的科研水平和整体发展。因此，高校应高度重视团队带头人的培养和扶持工作。

首先，高校应制订完善的培养计划，为团队带头人提供系统的培训和指导。通过举办高级研修班、邀请知名专家进行讲座等方式，帮助团队带头人更新管理理念、拓展知识视野、提升科研能力。同时，高校还应鼓励团队带头人积极参与国内外学术交流与合作，了解学科前沿动态和发展趋势。

其次，高校应为团队带头人提供必要的支持和保障。在资源配置、项目申报、团队建设等方面给予倾斜和优先支持，确保其能够顺利开展科研工作并带动团队整体发展。同时，高校还应关注团队带头人的职业发展和个人需求，为其提供广阔的职业发展空间和个性化的支持措施。

最后，团队带头人自身也应不断加强学习和提升。通过不断更新知识结构和管理理念，提高自身的素质和能力水平。同时，还应注重与团队成员的沟通和协作，激发团队的凝聚力和创造力，共同推动科研工作取得更加丰硕的成果。

三、基于系统论的高校科研管理体制

（一）高校科研管理系统的组织结构

组织结构，作为系统内部各要素间相互关联和作用的框架，决定了系统内部物质、能量、信息的流动方式和效率。一个完善的组织结构能够促进系统要素之间的协调一致，确保人、财、物的有效循环，从而对工作绩效的提升和管理目标的实现起到至关重要的作用。

长期以来，我国高校的科研组织结构大多采用自上而下的垂直式管理模式。在这种模式下，校科技处作为全校科研管理的核心机构，集中掌握着科研项目、经费和成果管理的权力，直接受主管科研副校长的领导。这种集权式的管理结构虽然具有简单明了、直接完整的优点，且通过行政手段实现统一领导，但其弊端也日益显现。信息在垂直结构中单向流动，上下级之间缺乏有效的反馈交流机制，导致基层院（系）的能动性和科研人员的积极性难以得到充分发挥。

随着市场经济体制的确立和发展，传统的集权式科研管理模式逐渐暴露出机制僵化、条块分割、行政命令过多等弊病，严重制约了高校科研的发展活力。为了顺应高校内部管理体制改革的需求，一些高校开始探索新的管理模式，其中，校、院（系）二级管理体制成了一种重要的改革方向。这种管理模式通过适当下放科研管理权力，激发基层院系的积极性和创造性，促进各院（系）结合自身实际进行自我激励和约束。

在实施校、院（系）二级科研管理体制的过程中，网络型组织结构逐渐取代了传统的直线型结构。在这种新型组织结构中，校科技处仍然处于核心地位，但不再独揽大权。相反，它通过下放部分科研管理权力至各二级学院，实现了宏观调控与微观灵活的有机结合。校科技处的主要职责转变为根据国家宏观政策和经济规划，结合本校科研现状，制订年度或中长期科技计划，并将计划任务分解下达至各院（系）。同时，加强各院系、各部门之间的联系、协调与控制工作，构建有效的科研评价体系，全面负责各院（系）的年度科研绩效考核。

各二级学院则需在新的管理框架下，建立激励与约束机制，通过明确责任、权力和利益的关系，充分调动广大教师和专职科研人员的积极性。这种转变旨在促使科研人员从“被动执行”向“主动创新”转变，努力争取多出成果、早出成果，为高校科研事业的发展贡献更多智慧和力量。在新的网络型组织结构中，各要素之间的联系更加紧密，信息交流更加畅通，为高校科研管理的创新和发展提供了有力保障。

（二）高校科研系统要素间的协调与配合

1. 公开透明、公正公平地分配与合理配置科技资源

高校作为国家创新体系的关键组成部分，承担着推动科技进步和创新的重要使命。随着国家对高校科研投入的不断增加，如何高效、合理地配置这些有限的科技资源，成为制约高校科研发展的核心问题。当前，虽然大多数科技项目通过招投标方式确保了资源的优化配置，但在校内科研基金的分配上仍存在诸多不公。部分学术权威因前期积累雄厚而占据过多资源，导致一些具有潜力的青年教师或优秀科研人员无法获得必要的经费支持。这种资源分配的不均衡不仅影响了学校的科研氛围和创新能力，还可能削弱学校的整体科研竞争力。

因此，高校应建立健全公开、公正、公平的科技资源分配机制，确保每一分科研投入都能发挥最大效益。具体而言，可以通过建立科研资源信息平台，公开科研项目申报、评审和资助的全过程，增加透明度；制定科学合理的资源分配标准，综合考虑科研人员的学术水平、项目创新性、团队实力等因素；同时，加强对资源使用情况的监督和评估，确保资源得到高效利用。

此外，高校还应积极探索多元化的科研资金来源渠道，如校企合作、社会捐赠等，以拓宽科研资金来源，缓解资源紧张问题。同时，鼓励科研人员积极争取外部资助，提升自身科研实力和影响力，为学校争取更多资源支持。

2. 在科研管理中引入法治理念，实施“法德并治”策略

为了提升高校科研管理的效率和效果，高校应引入法治理念，制定和完善校内科研管理规章制度，确保科研活动的有序进行。这些规章制度应与国家宏观科技管理政策法规相衔接，充分体现激励与约束、权利与义务、利益与责任的统一。通过立法手段，对科研人员的活动进行正确引导，明确研究预期目标，减少冲突和不利因素，降低科研管理成本，实现管理效益的最大化。

在激励机制方面，可以采取以物质利益为主、精神荣誉为辅为导向的原则，加大对科研成果和优秀人才的奖励力度。通过设立科研成果奖、优秀科研团队奖等奖励项目，激发科研人员的积极性和创新性。同时，建立科学合理的考核评估体系，对科研工作和学术成绩进行定性和定量相结合的考核评估，以

约束促激励，推动学校科研的全面发展。

在约束机制方面，应加强对科研活动的监督和管理，确保科研活动的合规性和有效性。通过定期检查和评估科研项目进展情况，及时发现和纠正问题，确保科研资金的有效使用。同时，对违反科研管理规章制度的行为进行严肃处理，维护科研活动的严肃性和规范性。

3. 加强科研管理人才队伍建设，提升服务科学研究水平

科研管理是一项复杂而细致的工作，需要具备优良的决策能力、判断能力、分析能力、表达能力和语言才能的科研管理工作者来承担。因此，高校应高度重视科研管理人才队伍建设，努力提高服务科学研究的水平。

首先，高校应加强对科研管理人员的培训和教育，提升其专业素养和管理能力。通过举办培训班、研讨会等活动，组织科研管理人员学习最新的科研管理理念和方法，了解国内外科研管理的最新动态和趋势。同时，鼓励科研管理人员参加相关的学术交流活动，拓宽视野，提升综合素质。

其次，高校应推动行政管理职业化进程，用专业的科技管理人才取代双肩挑行政干部。通过明确岗位职责和任职要求，选拔具有科研管理背景和能力的专业人才担任科研管理岗位，确保科研管理工作的专业性和高效性。同时，建立科学的考核评价体系，对科研管理人员的工作绩效进行全面评估，激励其不断提升服务水平和创新能力。

最后，高校还应注重科研管理团队的协作与配合。通过加强团队内部沟通和协调，形成合力，共同推动科研管理工作的高效运行。同时，鼓励科研管理人员与科研人员建立紧密联系，了解科研需求和实际情况，为科研人员提供更加精准、高效的服务和支持。

第三章

高校科研管理的核心体系与组织结构

第一节 高校科研管理的主客体

一、高校科研管理的主体

（一）高校科研管理主体的素质要求

1. 持续的创新能力

科研管理亟须创新力的持续注入，这涵盖了管理理念的革新与管理手段的创新两大方面。在理念革新方面，科研管理人员需深化对科研与管理工作的科学化、系统化认知，勇于突破传统管理模式的束缚，以灵活应对高校体制的不断改革。值得注意的是，创新并非仅仅意味着对计算机等现代科技手段的简单应用，更在于对那些虽优秀但未被广泛采纳的管理理念的深入挖掘与推广。在手段创新方面，现代管理需以熟练掌握并运用先进的科研工具为基础，这是当前管理创新的核心。鉴于管理工作的广泛性与复杂性，手段的创新显得尤为迫切。管理创新可有效激发科研人员的创新潜能，推动科研工作向更加科学的方向发展。然而，当前我国科研管理体系的效率仍有待提升，众多机构缺乏一套高效的责权利统一的管理机制，难以适应社会的快速发展。因此，构建全新管理体系的关键在于激发管理人员的创新意识，增加投入，并通过多元化的政策与激励机制促进管理创新，全面提升管理人员的创新能力。尽管当前围绕信息化展开的管理创新已取得一定成果，但研究深度仍需加强，且应用层面多局限于高层科研单位，未来仍需付出大量努力以推动更广泛的创新实践。

2. 扎实的政策把握能力

对于高校科研管理人员而言，深入理解、熟练掌握并严格执行国家关于科学事业发展的路线、方针、政策及规定至关重要。这要求他们确保本单位科研方向、重点研究领域、重点项目或课题以及科研管理的各项规章制度均与国家要求保持高度一致。同时，管理人员还需精通科研管理工作范围内的相关政策与规定，以确保其能够得到自觉、有效的贯彻执行，从而有效避免违规情况的发生。在执行过程中，管理人员应结合本地、本单位、本部门的实际情况，充分发挥主观能动性与创新精神，确保国家科学事业发展的路线、方针、政策得到准确、全面的贯彻与落实。

3. 足够的敬业精神

科研管理工作本质上属于服务性范畴，缺乏认真负责的态度与敬业精神将如同无源之水、无本之木。在高校科研管理队伍中，人员数量有限而任务繁重，他们既要负责科研活动的有序管理，又要为科研人员提供全方位的服务支持。因此，科研工作必须置于首位，唯有将敬业精神作为核心价值观，才能以工作为重，不计较个人得失。科研管理人员应以饱满的热情投身工作，面对科研管理中的挑战与困难时勇往直前，敢于求教、勇于创新，树立服务科研的强烈意识，勤勉尽责地完成各项本职工作。同时，还需秉持实事求是的原则与客观公正的办事态度，养成耐心、细致的工作习惯，在科研管理工作中充分展现出敬业奉献的精神风貌与严谨细致的工作作风。

4. 高尚的职业道德操守

科研工作具有高技术含量，涉及众多前沿技术，因此，高尚的职业道德是科研管理工作的坚实基石。科研管理人员应以道德为立身之本，以职责为行动指南，以法律为行为准绳，深刻理解知识产权的深刻内涵，牢固树立知识产权保护意识，严格遵守科研保密规定，尊重科学、崇尚真理。在科研管理工作中，应秉持公正、客观的态度对待项目、工作及科研人员，排除一切私心杂念。同时，管理人员应树立全心全意为科研人员服务的意识，时刻关注他们的需求与困难，成为他们坚强的后盾与有力的支持者，助力他们全身心投入科研工作之中。

5. 深厚的专业知识储备

科研管理工作横跨多个学科与研究领域，这要求科研管理人员必须拥有扎实的专业知识基础，以便对各学科、各研究方向及领域的研究工作进行精准而高效的管理。随着大学学科结构的不断调整与交叉学科的日益增多，管理人员需不断加强专业知识的学习与更新，以适应现代科研发展的快节奏与多元化需求。同时，他们还应深入钻研科研管理理论、方法及政策，并创造性地将其与本校的实际情况相融合，学会在复杂的问题中发现、分析与解决关键节点，善于从日常工作中提炼经验，不断把握科技工作的内在规律与特点，从而有效应对并解决工作中遇到的各种难题，为未来的科研管理工作提供科学指导。

6. 全面的管理能力素养

科研管理人员的核心职责在于管理，而管理能力则涵盖了创新思维、敏锐判断、独立工作、高效组织以及清晰表达等多个层面。为了提升这一能力，管理人员需深入学习管理理论，以理论指导实践，同时又在实践中不断反思与总结，实现理论与实践的深度融合。他们的工作既需要处理大量数据与信息，又需与不同层级的人员进行有效沟通，因此，具备出色的分析能力至关重要。此外，管理人员还应掌握一定的管理艺术，能够灵活运用管理理论、方法与手段，紧密结合科研实际，遵循科研规律，在纷繁复杂的工作中理清思路，精准把握工作重点与要点，推动科研管理工作有序开展。

7. 卓越的信息处理能力

高校科研管理人员在信息领域需具备全面的能力。他们应广泛开拓信息来源，既要深入了解科研的基本特性与基础知识，又要从宏观角度把握科研动态，从中筛选出具有价值的信息；既要紧跟当前的研究热点与重点项目，又要把握科研发展的客观需求与主要矛盾，不断吸收新信息，为科研工作提供有力支撑。在信息收集过程中，他们应注重信息的筛选与验证，确保信息的真实性与可靠性，避免基于错误或片面的信息做出决策。同时，他们还需对信息进行整理与提纯，建立索引以便快速查询。此外，科研管理人员还应重视信息反馈机制的建设，努力构建敏捷、高效的人本管理网络化信息反馈体系，确保信息的及时传递与有效利用。

8. 出色的沟通协调能力

在科研项目的开发与申报过程中，科研管理人员需与各级各类部门、单位的管理人员保持紧密的联系与沟通，发挥着桥梁与纽带的作用。他们既是上级部门政策与指示的传达者，也是科研人员研究成果的汇报者。通过良好的协调与沟通，他们能够维护良好的互动关系，使有价值的项目得到上级主管部门的支持与认可，并尽快转化为实际生产力，推动科技的进步与发展。高校科研管理人员不仅需具备横向与纵向的协调能力，还需与科研人员保持紧密的合作关系，确保科研人员能够全面、准确地了解并掌握相关政策与指示。同时，他们还需协调好各个环节的工作，为科研工作营造一个有利的外部环境，从而充分调动广大科研人员的积极性、主动性与创造性，推动科研工作顺利而高效地进行。

9. 优秀的服务意识与能力

高校科研管理工作的核心在于激发科研人员的创新活力，促进高质量科研成果的快速产出。因此，科研管理人员需秉持以人为本的服务理念，将科研人员视为服务的核心对象，全力提升服务质量，为科研人员营造一个优越的工作与研究环境。在日常工作中，管理人员应主动与科研人员建立紧密的沟通渠道，耐心倾听他们的声音，深入了解他们的工作状况与需求，积极协助解决他们在科研过程中遇到的各种问题，并妥善协调各方关系，确保服务能够渗透到科研工作的每一个环节。同时，科研管理人员还应具备无私奉献的精神，以主动、热情、高效的态度，为科研人员搭建起沟通的桥梁，成为他们科研道路上的坚实后盾。

10. 敏锐的市场洞察与开拓能力

社会主义市场经济作为科技与经济社会融合的驱动力，对科技繁荣起着至关重要的作用。科研管理人员需具备敏锐的市场感知力，能够引导科研人员适应市场经济环境，根据市场需求和社会发展趋势，灵活调整基础研究、应用研究和开发研究的布局与资源配置。在保持基础研究力量的同时，管理人员应积极推动科技力量与市场的对接，加速科研成果的转化与应用，使其更好地服务于社会，融入社会经济的大循环中。面对激烈的市场竞争和多变的市场环境，科研管理人员需运用有效的公关策略，敏锐捕捉机遇，通过积极的公关活动促进科研组织内部的协同合作，优化外部环境，加强与各方的沟通与协调，为科研课题的立项与成果转化创造有利条件，推动科研工作的持续发展。

高校科研管理人员的自身素质与管理水平对科研工作的推进具有举足轻重的影响。因此，管理人员应不断加强自我提升，树立高度的敬业精神与奉献精神，深化管理专业知识的学习，拓宽知识视野，运用现代管理理念与方法，不断创新科研管理工作，为提升学校的整体研究水平和实现科研工作的跨越式发展贡献自己的力量。

（二）高校科研管理主体的绩效考评

1. 构建具有明确目标、高度可操作性的量化考核指标体系

绩效考评作为科研管理工作的核心环节，其有效性与衡量标准的准确性直接取决于考评内容的科学设定。因此，在正式启动绩效考评工作之前，科研管理部门需承担起至关重要的前期筹备任务。这包括全面、深入地分析并统计近年来科研管理的整体运行状况，以及紧密结合学校的发展战略目标和长远规划。在此基础上，管理部门需紧密结合各部门教职工的岗位实际和工作特性，以确保所构建的考核指标既具有鲜明的针对性，又能在实际操作中得以有效执行。

为了构建出一套全面而综合的考核指标体系，各院系部门负责人需根据本部门的具体工作性质，对科研管理任务进行详尽的分解与细化。随后，他们应携手员工代表，共同针对每个岗位的特点进行深入的剖析与研讨。这一步骤不仅有助于明确各岗位的工作目标、职责范围、权力分配以及工作条件，更为将部门整体的绩效指标进一步细化为各岗位职责的具体衡量标准提供了坚实的支撑。

在构建考核指标时，我们必须深刻认识到，学校发展规划和战略目标的实现绝非个别人或部门的单打独斗，而是需要全体教职员工齐心协力、共同奋斗。因此，针对不同岗位和职责的特定要求，考评指标应体现出明显的差异性。为了实现这一目标，部门负责人应采用多样化的方式，如问卷调查、深度访谈等，加强与教职员工的沟通与联系，引导他们积极接纳并参与到绩效管理的全过程中来。这种对科研绩效考评体系的共同构建和测评过程，实际上就是一个将全体员工凝聚起来，共同向科研管理的整体目标迈进的过程，对于推动科研绩效管理工作的深入发展具有不可估量的重要作用。

在量化指标的表述上，我们应尽可能采用精确、具体的量词来加以描述，以确保考评工作的客观性和公正性，最大限度地减少人为因素带来的偏差。同时，所选取的指标必须具有可控性，否则绩效考核将失去其应有的意义和价值。随着高校科研工作的不断发展和科研管理内容的日益丰富与更新，科研绩效考评指标体系也应成为一个动态调整、持续优化的过程。这意味着我们需要根据科研工作的实际进展和战略目标的变化情况，及时对考评指标进行修订和

完善，以确保其始终能够准确反映科研工作的实际需求和学校的发展方向。

2. 建立完善、系统、连续性的绩效考评模式

在考评指标确定之后，如何有效实施考评便成了下一个关键环节。绩效考评在整个绩效管理流程中占据着举足轻重的地位，因为它直接关系到前期考评指标能否得到切实有效的应用。然而，在实际操作中，绩效考评工作并非简单地由考评方对被考评方进行照表打分，而是一个需要充分沟通、科学有效评估的复杂过程。这一环节对于实现考评的预期效果具有至关重要的作用。

遗憾的是，当前许多高校的科研管理绩效考评工作仍然停留在较为表面的打分、填表阶段，没有充分认识到沟通环节的重要性。这种做法不仅严重削弱了考评结果的可信度和权威性，还容易导致员工产生抵触情绪和不满心理，进而对整个绩效管理体制的有效运行造成不利影响。

为了建立一套完善、系统、连续性的绩效考评模式，我们必须确保考评双方能够就考评结果进行充分、深入的沟通与讨论。考评方有义务对每一项指标的得分情况进行详细、清晰的解释和说明，而被考评方则有权提出自己的不同意见和看法。如果双方在某些问题上存在分歧或争议，还应通过正规渠道进行绩效申诉和复核。通过积极有效的沟通与交流，我们可以有效避免考评过程中的不良操作和因主、客观因素导致的考评偏差，确保考评结果的公正性和准确性。

在考评过程中，学校还应加强对执行过程的检查和控制力度。通过定期或不定期地了解各岗位绩效目标的执行情况和进展状况，我们可以及时发现并解决执行过程中存在的问题和不足，从而确保绩效目标的实现得到有力的保障和支持。同时，在考评实行过程中，我们还要坚持做好平时记录工作，形成完整的绩效文档和档案。这样不仅可以随时对出现的问题进行及时的沟通和处理，还能为后续的绩效改进和提升提供有力的依据和支持。

3. 构建合理、高效的绩效反馈与奖惩机制

绩效反馈作为绩效管理流程中的核心环节，其执行效果直接关系到考评结果能否被有效转化为推动未来工作改进的动力。遗憾的是，许多科研管理部门在考评工作结束后，往往忽略了与员工就考核细节进行深入沟通的重要性，甚至对考评结果采取保密态度。这种做法无疑削弱了绩效管理的整体效能，使得考评结果未能充分发挥其应有的激励和引导作用。

为了充分发挥绩效反馈的积极作用，我们必须致力于打破员工对考评结果的神秘感，将反馈过程打造成为公开、透明、规范、制度化的重要环节。在反

馈形式上，我们可以采用多样化的方式，如面对面的深入交谈、详尽的考评结果报告等，以确保信息的准确、全面传达。在反馈过程中，领导或负责人应客观、公正地指出员工的优点与不足，并结合科研管理的绩效目标，为员工明确未来的发展方向和成长计划。

一个完善的绩效反馈报告，不仅应全面回顾员工过去的绩效表现，更应通过深入的考评分析，洞察各院系部门和员工的实际能力状况及潜在发展空间。在此基础上，我们可以制订更具针对性的个人发展计划，有效激发员工的工作热情、主动性和创造力，从而推动科研工作整体绩效的显著提升。

4. 加强辅导支持，全面提升人员综合素质

绩效管理以人为本，强调个体的积极参与和沟通互动，其核心目标在于提升被考评对象的整体素质和能力。员工整体素质的提升，对于增强目标认同感、提高执行力具有至关重要的意义。绩效考评作为绩效管理的重要组成部分，其结果不仅是对员工过去工作的全面检查和客观评价，更是推动绩效提升、目标实现和员工个人成长的关键所在。

根据阶段性的考评结果，高校相关管理部门领导应主动与员工建立沟通渠道，帮助他们深入剖析问题根源，并提出切实可行的改进建议。在这一过程中，我们应始终坚持以帮助员工成长为出发点，避免简单的批评和指责。通过持续的辅导和支持，员工可以逐步克服自身不足，提升工作效率和综合素质，为科研工作的长远发展奠定坚实基础。

同时，领导还应积极鼓励员工参与到绩效管理的全过程中来，鼓励他们提出宝贵的意见和建议，共同推动绩效管理体系的不断完善和优化。这种参与式的管理方式，不仅能够增强员工的归属感和责任感，还能有效提升绩效管理的针对性和实效性。

5. 确立团队绩效价值观，助力整体绩效最大化

在绩效考评的实践中，不同的价值取向会直接影响考评标准、指标及方法的制定和实施。价值取向不仅是绩效考评的基石，更是构建整个绩效考评体系的灵魂和导向。高校科研管理工作作为一个复杂而庞大的系统，各部门之间紧密相连、相互依存、相互影响。因此，确立团队绩效价值观，对于凝聚团队力量、激发团队潜能、实现整体绩效最大化具有举足轻重的意义。

我们应积极倡导和践行团队绩效价值观，鼓励各部门和员工以团队的整体利益为重，相互协作、共同进取。通过明确团队绩效目标、优化团队绩效评价体系、加强团队内部沟通与协作等方式，我们可以有效提升团队的凝聚力和战

斗力，为科研工作的蓬勃发展注入强大的动力。

以团队绩效为评价基础，可以更容易地找到评价团队成员业绩的参照，并对绩效指标进行有效把握。在评价标准的选择上，既要注重工作结果的考核，也要关注工作流程的评估，这有助于培养团队精神。在设定个体绩效考评指标时，应充分考虑团队绩效和流程因素，将不同特点、不同能力结构的员工融合在一起，发挥各自的优势，实现互促共赢。同时，团队绩效目标及相关工作流程的引导，可以激发员工的积极性和创造力，推动整体绩效的不断提升。在这个过程中，领导应重视引导和支持团队成员之间的合作与交流，共同为实现整体绩效最大化而努力。

二、高校科研管理的客体

（一）高校科研管理客体之间的相互关系

提高高校科研管理创新能力，关键在于合理调整管理与服务的关系。管理学中的“管理就是服务”这一观点，在科研管理工作中同样适用。然而，在实际操作中，对于科研管理与服务科研的关系，存在着一些误解。部分高校领导者和科研人员认为，科研管理部门主要是执行科研政策、处理事务性工作的服务机构，而科研管理人员则更多地被视为行政人员，其工作仅限于服务性质。这种观念导致部分科研管理人员忽视了管理的本质，将服务工作等同于管理工作，认为做好日常服务就等同于做好了科研管理。

科研管理虽以服务为重要目标，却绝非管理过程的替代品。其本质在于一系列的管理活动，管理者需兼顾科研组织的构建、人员关系的调和，以及科研资源的合理配置与高效利用，力求实现效益最大化。因此，科研管理人员应兼具服务意识与管理职能，不断创新管理模式，以双效提升为核心目标。同时，管理创新需与科技进步并驾齐驱，正如科技创新激发科技人员活力一般，科研管理创新也需调动管理人员的积极性。他们需平衡管理与服务，既强化服务意识，又注重管理实效。面对科技进步的挑战，科研管理人员必须超越经验与直觉，持续提升管理能力和创新意识，推动科研管理工作的持续改革与创新，确保管理实践与科技水平同步提升。

（二）高校科研管理客体的主要模式

1. 过程管理模式

高校科研客体的过程管理模式，是围绕科研项目从启动立项至最终结题验收的全链条进行精细化管理的策略。这一模式在当前的科研管理体系中占据核心位置，课题制便是其典型代表。在过程管理框架下，项目资金与科研经费在项目生命周期内的所有权归属国家，研究者则拥有使用权，而项目的依托单位则负责监督。该模式采取了一种动态的跟踪管理方式，具体流程为：政府依据国家科技战略制定项目指南，科研人员据此提交项目申请；经过层层筛选与评估，部分项目脱颖而出，进入实施阶段。实施阶段涵盖项目执行、阶段性评估、中期审查、经费监控及日常监督等多个环节，直至项目顺利完成验收与结题，整个科研活动方告结束。

2. 目标管理模式

相较于传统的过程管理，目标管理模式作为升级迭代版，其精髓在于以成果为导向，对项目目标的达成情况进行管理。此模式下，项目初期的资金投入更为谨慎，更加注重科研流程的精简与效率提升。政府通常依据科研成果的审核结果来决定资金分配，强调对目标实现情况的管理，包括成果的验证、评估、采购及转化等关键环节。

目标管理模式直击科研核心，确保资金精准投向高效益领域。同时，它简化了管理流程，有效解决了过程管理模式中的顽疾。通过构建公平透明的竞争环境，将竞争焦点从项目申请转向研究成果与产出，形成了鲜明的成果导向。这一转变显著提升了我国科研的整体效能与投入产出比，为科研工作的持续创新与繁荣发展奠定了坚实基础。

（三）高校科研管理客体的柔性化服务

1. 柔性化服务的必要性

（1）科技需求对柔性化服务的迫切呼唤

高校科技合作作为科技成果与社会企业需求之间的纽带，其重要性正日益增强。随着我国市场经济的蓬勃发展，企业正迈入一个崭新的发展阶段，产业结构亦在朝着更为高级、复杂及多元化的方向演变。这一变革不仅为高校科研管理带来了新的发展契机，同时也对其提出了更为严苛的要求。在合作形式上，区域经济、特定产业或行业与高校之间的科技合作愈发紧密，诸如校市合作、校企合作等模式层出不穷，共同构建了一个多元化的科技合作网络。合作方式也已从传统的科技服务、成果转化，拓展至新产品研发、技术革新、工程承包、共建研发与创新中心、人才培养基地等多个层面，形成了一条完备的科技合作链条。因此，高校科研管理必须紧跟市场节奏，提供以市场为导向、向多元化拓展的柔性化服务，以充分满足日益增长的科技需求。

（2）科研管理意识向柔性化服务的转变

在全球化经营的大背景下，优秀人才已成为组织竞争力的核心要素。高校科研管理应秉持以人为本的理念，充分尊重科研人员的内在需求，并为他们提供细致入微的柔性化服务。科学研究本质上是一个涉及知识生产、开发、销售、储存及增值的复杂过程，科研人员与科研管理部门之间应建立起一种全新的需求与服务关系。科研管理部门应明确自身服务者的角色定位，将科研人员视为尊贵的客户，为他们量身定制个性化的优质服务和产品，这包括但不限于共同愿景的塑造、价值的共享、人力资本的增值、授权赋能以及必要的支持与协助等。在此过程中，以课题组为核心的基层研究机构应享有充分的自主性，而科研管理部门则主要负责提供全方位的服务与咨询，仅在紧急情况下进行适度的干预。通过不断提升柔性化服务水平，科研管理部门能够与企业及科研人员建立起基于忠诚与共鸣的紧密合作关系，从而全面满足他们的需求，有力推动高校科研与企业技术创新的蓬勃发展。

（3）技术转移手段向柔性化服务的演进

科技转移作为一个涉及知识流动和技术交易的过程，具有信息非对称性、不确定性以及技术作为公共物品的属性等特征。这些特征使得技术交易过程变得复杂多变，往往需要经过多次反复和修改才能最终达成技术合同。因此，技术转移本身具有很强的柔性。随着现代社会的快速发展，高校科研开发需要更加深入地进行市场营销预测，并高度重视信息的获取和知识的转移。同时，企业对市场的快速反应和应变能力也要求他们能够及时运用先进技术开发出具有竞争力的产品。然而，传统的面对面单一技术交易方式已难以满足当前对科技成果多层次、全方位、高效快捷的需求。因此，柔性化服务手段的应用已成为技术转移过程中的必然趋势。

2. 柔性化服务的具体措施

（1）积极申报

在科研管理工作中，积极且有效的项目申报是确保项目成功落地的第一步。申报工作的成效，很大程度上取决于其发动的广泛度与深入度。虽然大规模的动员会议能够迅速营造申报氛围，激发教师的参与热情，但往往因内容过于笼统而难以触及核心。因此，科研管理部门需采取更为精细化、个性化的策略，如分批次深入各院系，进行面对面的政策宣讲、任务下达与宏观指导。在此过程中，管理部门应持续跟踪申报动态，及时掌握进展信息，灵活调整策略以应对各种挑战。同时，优化项目团队的构成至关重要，要避免资源分散导致的“全面开花”却“中标率低”的困境。此外，管理部门还应关注学科布局的均衡性，既要在高水平人才聚集的院系中合理分布项目，也要敢于探索边缘与冷门学科，以差异化的策略提高中标概率。

（2）精准遴选

科研项目的遴选，是关乎项目能否取得突破性成果的关键环节。科学研究的本质在于创新，而遴选课题时，创新更是核心中的核心。对于国家级别的高规格课题，其影响力大、经费充足，但同时伴随着严格的评审与激烈的竞争。科研人员在选题时，既要敢于突破常规，大胆设想，又要脚踏实地，根据自身实力、资料储备与实验条件进行综合考量。科研管理部门在此过程中，应充分发挥桥梁作用，帮助科研人员将外部信息与本校实际紧密结合，通过反复讨论与论证，找到最具潜力的研究方向。

（3）精心策划

课题选定后，如何将其转化为一份具有说服力的申报材料，是项目成功的另一重要环节。科研管理部门需督促科研人员严格按照申报要求，对课题的研究背景、意义、研究思路、方法、主要观点、理论创新点或实际应用价值，以及研究基础等方面进行全面而深入的论证。同时，申报材料的形式呈现也至关重要，需做到逻辑清晰、语言精炼、格式规范。管理部门应组织专家进行多次评审与修改，确保申报材料既内容扎实又形式完美，从而在众多竞争者中脱颖而出。

（4）严格把关

最后科研管理部门对申报材料的严格审查，是确保项目成功不可或缺的一环。由于种种原因，科研人员提交的申报材料可能存在疏漏或错误。管理部门需对申报表格、论证材料等进行全面而细致的审查，从形式到内容，无一遗漏。通过指出问题、提出修改建议，甚至直接参与润色完善，确保申报材料符合所有要求，避免因小失大，让优秀的科研项目因细节问题而遗憾落选。这一环节不仅是对科研人员工作的最后一道检验，也是管理部门专业能力与责任心的体现。

第二节　高校科研管理的活动构建

一、高校科研管理活动的特性

（一）高校科研管理活动的复杂性

1. 成立科学、合理的科研协同机制，以强化团队合作

协同学，作为探索个体间协作方式及如何通过协作构建新结构的学科，深刻揭示了系统由无序迈向有序的内在逻辑。这一过程并非简单依赖于系统是否达到平衡状态，而是根植于众多子系统间复杂的非线性相互作用之中。在科研的广阔天地里，个人的力量总是有限的，难以独自跨越所有难关。因此，课题组成员必须紧密融入团队，才能在激烈的竞争中站稳脚跟，并在科研探索中尽情挥洒自己的创新才华。

对于科研管理者和课题组成员来说，培养深厚的协同科研意识是首要任务。同时，决策者与科研管理者还需在课题组成员之间、课题组之间，以及管理决策部门与课题组之间，精心构建一套科学且合理的协同机制。这套机制应致力于创造各种有利条件和机会，为各子系统的能量释放和协同合作搭建舞台。通过充分挖掘和利用课题组成员的积极性和能动性，结合子系统（课题组、课题组成员）的自身发展与协同效应，我们能够携手并进，共同实现科研管理的宏伟目标。

2. 构建以项目目标为导向的灵活激励机制，以激发创新活力

复杂系统的复杂性，部分源自其内部子系统的非线性集聚以及子系统间的复杂交互。由于复杂系统具备自适应和自学习的特性，对单一子系统进行直接控制往往困难重重。因此，在科研管理这一复杂而微妙的系统中，决策者和管理者需要基于对系统目标和各子系统动力机制的深刻理解，针对各子系统成员

的行为特征、课题特性和科研目标，巧妙构建一个以项目目标为导向的灵活激励机制。

这一激励机制应能够引导各课题组及其成员根据项目目标的实际需求，灵活调整自身的行为模式和研究路径。同时，它还应充分激发科研人员的创新热情和内在动力，让整个科研系统焕发出勃勃生机和强大竞争力。通过课题组各成员之间的紧密协同和相互支持，我们能够凝聚力量，共同推动科研事业迈向新的高峰。

3. 构建自适应型动态科研架构，以灵活应对科技变革

面对日新月异的科学技术研究环境，高校需构建一种具备高度自适应性的动态科研组织结构。这种结构要求各层级子系统遵循既定规则，同时能依据外部环境和接收的信息灵活调整自身状态与行为模式。更为关键的是，这些子系统需具备根据多元信息动态调整规则的能力，进而催生新的运作规则。通过底层子系统相对简单的智能行为，整个系统能在更高层面上展现出复杂、协同且有序的整体职能。这种动态管理模式促使我们从更宏观的视角审视科研工作与管理，采用“以动制动”的策略来灵活管理科研活动。相较于传统的刚性组织结构，动态结构能依据科技发展趋势和外部环境变化，迅速而有效地调整自身，避免资源配置的不合理与浪费。

4. 培育科研管理创新机制，以加速科技进步步伐

自组织系统总是与目标导向紧密相连，在特定环境中，系统唯有在目标点或目标环上才能达到稳定状态。科研管理系统内部存在着反馈机制与涨落现象，这些机制共同作用于科技创新过程，使其呈现出新颖性、创造性和目标导向性。因此，科研管理系统应充分利用负反馈机制，确保整体行为紧密围绕目标轨道运行，同时积极挖掘课题组内部的创新潜力（如涨落与正反馈机制），以激发创新思维与行为。

为实现这一目标，管理者与员工需勇于打破束缚科技创新的既有模式与框架。在管理理念、组织架构、管理方法和技术手段等方面持续创新与变革，以全面提升管理效能与创新意识。过度依赖计划与僵化的组织结构将导致课题组陷入混乱与无序，无法形成有效的秩序结构。而混沌现象往往孕育着新秩序系统的诞生。因此，我们可以通过巧妙引导混沌现象，为科研管理创新机制的构建提供变革路径。例如，充分利用管理者与科研人员的创新倾向、灵感闪现和风险承受能力，制定激励机制与政策导向，引发“蝴蝶效应”，从而有效培育科研管理系统的创新机制。

（二）高校科研管理活动的开放性

1. 高校科研资源管理的开放性

（1）构建高校人才资源的社会共享机制，促进重大科研项目的联合开发

在知识经济时代，人才是推动科技创新的关键要素。为了充分发挥高校人才资源的优势，应积极推动高校内部院系之间以及高校系统与外部单位之间的人员互动与合作。这种跨领域、跨机构的合作不仅能够为科研活动带来新的思路、方法和创意，还能有效激发科研人员的创新活力，促进学术研究的深入发展，进而提升整体的科研水平与能力。通过联合开发重大科研项目，可以实现资源共享、优势互补，共同应对科研挑战，推动科技进步。同时，这种合作机制也是提高科研人员积极性和竞争意识的有效途径，有助于培养跨学科、跨领域的复合型人才，为高校科研事业的持续发展注入新的动力。

（2）建立高校物力资源的社会共享机制，提高科研设备的科研利用率

高校科研活动不应孤立进行，而应积极融入社会发展的大潮中。为此，高校应建立物力资源的社会共享机制，打破部门、院系和行业之间的界限，实现科研设备的合理配置和高效利用。当前，部分高校存在“资源私有化”和“服务利益化”的现象，导致大量科研资源闲置浪费。为了解决这一问题，高校应积极推动科研资源的社会共享，将学科资源、设备资源和空间资源等纳入共享范围，提高资源的利用率。同时，还应加强科研设施的基础平台建设，为科研人员提供便捷、高效的科研环境。此外，高校还应避免盲目引进和重复购置科研设备，确保科研资源的科学配置和有效利用。

2. 高校科研过程管理的开放性

（1）强化科研立项管理的开放性与透明度

随着工业化进程的加速推进，社会对高校科研成果的期待与需求日益攀升。在此背景下，高校科研管理不仅需激励教师投身科学研究，更需重视科研成果的社会效益及转化潜力。为实现这一目标，构建开放性的科研立项管理机制显得尤为关键。在立项阶段，应全面秉持公平、公正、公开的原则，坚决抵制“内部人”操控的现象。为此，应组建一个多元化、跨领域的评审团队，该团队应涵盖知名企业家、资深工程师、学术权威、社会贤达以及政府官员等多方代表，以确保评审流程的客观性与公正性。同时，评审团队的构成需注重平衡，避免单一领域或部门专家的过度集中，从而广泛吸纳各方智慧，精准评

估科研项目的必要性与可行性。

（2）推动科研项目管理的开放合作与动态调整

科研项目管理作为高校科研管理的核心环节，对于提升科研效率与成果质量具有举足轻重的作用。然而，传统的静态、单向、被动及一次性的管理模式已难以满足现代科研活动的复杂需求。因此，高校科研管理需向动态、双向、主动及综合管理的方向转型。在项目管理过程中，高校应积极寻求与相关部门及机构的深度合作与交流，构建开放性的合作框架。这既要求高校加强内部各部门之间的纵向联动，也要求拓宽与社会各界的横向联系。通过以科研项目为纽带，依托学科专业优势，广泛建立合作机制，实现资源的优化配置与协同攻关。同时，高校还应建立高效的信息沟通渠道，推动科研资源与科研人才的校内外共享，形成开放共赢的合作新生态，为科研项目的顺利推进与成果的有效转化提供坚实保障。

3. 高校科研成果管理的开放性

（1）实行科研成果评价社会化，加大成果奖励与激励力度

在基础研究领域，当前的评价体系存在诸多不合理之处，缺乏公开监督、全面协调以及合理有效的评估机制。此外，采用过于定量化的评价体系来考核具有不确定性的基础研究活动，显然有失公允。为了推动科研的健康发展，高校应当积极采用社会化的手段来开展科学研究活动。具体而言，可以建立以课题为核心、以课题组为连接纽带的研究体制，确保研究工作的客观性和公正性，同时也有利于理论创新的产生。

为了实现这一目标，高校需要构建统一且持续更新的项目库和专家库，为科研项目的评估和管理提供有力支持。在科研成果的评价和奖励方面，高校应当不断改进和完善相关制度，确保能够重奖那些具有学术价值的精品成果。这不仅有助于激发科研人员的积极性和创造力，还能够推动高校科研成果的整体质量提升。

（2）实行科研成果转化市场化，充分展现项目社会价值

为了充分实现科研成果的价值，高校科研管理应当积极拓展管理的边界，将管理重心后移至科研成果的转化阶段。具体而言，高校应当加强对科研成果转化工作的管理，将其视为深化科研项目管理改革的重要任务之一。通过实现高校科研成果的社会共享，我们可以让科研数据和成果得到更广泛的应用和传播，从而真正发挥科研成果的最大社会效益。

为此，高校需要通过多种途径来鼓励科研成果的公开发表和转化。例如，可以设立数据共享平台，为科研人员提供便捷的数据获取和共享渠道；同时，

还可以加强与企业和社会的合作，推动科研成果向现实生产力的转化。通过这些措施的实施，我们可以促进科研成果转化的社会化进程，让科研成果更好地服务于经济社会发展。

（三）高校科研管理活动的公正性

高校科研管理主体所从事的科研课题、科研奖励、重点学科、科研基地等科研项目的设立、评审、结项及推广等活动，其公正性直接关系到科研活动的健康发展和教育领域的整体公正。公正性在此包含公平与正义两大要求。公平并非简单的平等，而是在承认科研实力差异的基础上，实现适度差别的平等。这要求我们在科研管理中既要避免一味强调平等导致的“马太效应”，影响科研积极性和教育公正；又要防止过分看重差别性，从而忽视人人平等的基本诉求。

科研资源分配的公正性，是高校科研管理的核心问题之一，它不仅关乎科研资源配置的科学性与合理性，还直接影响到高校科研领域的整体公正。若科研资源分配不公，如科研课题因人立项而非因科研需求，科研奖励忽视学术质量和创新而偏袒关系户，将严重阻碍科研资源的合理配置与科研管理的科学性。因此，科研管理的公正性不仅是其生命力的体现，更是科研管理科学性与合理性的前提。

此外，科研资源分配的公正性还是影响高校教师科研积极性和学术风气的重要因素。不公正的分配将严重挫伤教师的科研热情，破坏学术氛围，进而影响高校的整体科研实力与声誉。同时，作为社会精神文明的重要窗口，高校科研管理的公正性还对社会公正产生深远影响。若高校内部存在科研资源分配不公的现象，将对社会公众产生负面示范效应，损害社会风气与公正体系。因此，确保高校科研管理的公正性，对于维护教育公正、促进社会和谐具有重要意义。

二、高校科研管理活动的创新

（一）高校科研管理活动创新的重要意义

高校科研管理活动的创新，不仅是推动高校科技创新与市场机制深度融合的迫切需求，更是应对高校内外部知识管理挑战、体现科研管理职能核心以及贯彻国家相关战略、推动科技强国建设的全面要求。在知识经济时代背景下，高校科研管理必须挣脱传统计划经济观念的桎梏，通过管理体制的革新，实现与市场机制的紧密对接。当前，众多高校在科研管理上仍面临市场信息接收滞后、反应迟缓的问题，科研成果转化意识薄弱，这既源于科研人员自身认识的局限，也反映了高校科研管理部门在创新意识、立项引导、市场分析和社会信息提供等方面的不足。因此，创新高校科研管理活动，对于促进科技创新成果与市场的有效对接，提升高校服务经济社会发展的能力，具有至关重要的意义。

首先，高校科研管理活动的创新是应对知识管理挑战的主观要求。知识管理作为高校管理的核心环节，涉及知识的全方位管理，旨在通过优化知识资源配置，提升高校的创造力和价值。高校科研管理活动本质上属于知识管理的范畴，不仅关乎组织内部的知识流动与整合，还涉及与组织外部的知识交流与合作。这就要求高校科研管理人员必须紧跟知识管理的步伐，充分挖掘和利用内外部知识资源，提升教学科研活动和管理水平，精准评估知识资产的价值，并设计科学合理的制度安排，促进知识之间的融合与创新，从而激发源源不断的知识创新活力。

其次，高校科研管理活动的创新更是体现其管理职能的核心所在。作为多学科领域人才的汇聚地，高校在推动地方经济发展和社会进步中扮演着举足轻重的角色。科学研究活动的顺利开展，离不开科研人员的辛勤付出，也离不开实验装备、科研经费、辅助人员及科技情报等资源的有力支撑。只有通过高效有序的科研管理活动，才能实现科研系统的最优配置和高效运行，以最小的成本为社会输出最优质的科研成果。因此，创新高校科研管理活动，是充分发挥高校科研优势、提升科研效率与质量、推动科研事业蓬勃发展的必由之路。

最后，高校科研管理活动的创新还是贯彻国家相关战略、推动科技强国建设的坚实保障。作为科研经费分配、科研活动组织和监督以及科研成果转化的重要执行者，高校科研管理机构在科研成果的预测、产生及转化过程中发挥着至关重要的作用。面对新时代的挑战与机遇，高校科研管理机构必须摒弃传统依赖国家拨款的思维定式，保持与时俱进的创新精神，在管理理念、手段和方法上进行全面革新。只有这样，才能确保科研成果更加贴近国家和社会发展的实际需求，激发科研人员的创新潜能，充分发挥人才及其所掌握的知识资源在科技强国建设中的关键作用，为国家的繁荣昌盛贡献强大的科技力量。

（二）高校科研管理活动创新的措施

1. 理念先行——深化高校科研管理活动的创新理念体系

在推动高校科研管理迈向新高度的过程中，首要且核心的任务是培育并牢固树立起一套兼具前瞻性、创新性及实践性的管理理念。这一理念体系应紧紧围绕知识产权这一核心要素，将科研成果的高效转化作为管理工作的终极目标。知识产权，作为智力劳动者在科学技术、文化艺术等领域辛勤耕耘的结晶，是衡量智力劳动价值的重要标尺。高校，作为知识汇聚与人才辈出的高地，理应依据国际通行规则，积极拥有并持续优化其知识产权结构，尤其是专利权和著作权等关键权益。

为实现这一理念，科研管理部门需彻底摒弃过时的“知识无偿共享”观念，转而全面强化知识产权保护意识。这要求高校设立专门的知识产权管理机构，该机构需肩负起指导科研人员如何有效获取、保护及运用自身权利的重任。通过定期举办专题讲座、实操培训等活动，切实提升科研人员的权利保护意识，使他们深刻认识到知识产权的至关重要性，并熟练掌握合法合规的维权技巧。同时，这一新理念的践行还将有助于在高校内部营造出一种尊重知识、崇尚创新、敬畏人才的良好氛围，从而最大限度地激发广大教师的创造潜能和科研热情。

此外，高校科研管理制度的创新还需在加强技术创新、加速科技成果转化及推动新技术产业化等方面有所突破。这要求高校打破传统管理模式的束缚，积极引入市场经济和科技转化的先进理念，确保智力、技术及管理要素能够公平合理地参与到收益分配中来。通过制定一系列科学有效的激励措施，充分调动教师和科研人员投身科技成果转化及高科技产业化的积极性，进而实现知识产权的社会效益与经济效益的双重提升，全面彰显智力劳动的价值与贡献。

2. 完善管理手段——全面推行高效创新的科研管理手段

为进一步提升高校科研管理的整体效能，必须全面推行一系列创新性的管理手段。具体而言，应涵盖以下几个关键方面：

第一，着力打造适应知识经济时代需求的高校科研管理队伍。这不仅要求科研管理部门积极构建学习型组织，持续优化管理队伍的知识结构与能力体系，还需大力引进具备现代管理理念、文理交叉知识背景及丰富实践经验的高素质管理人员。通过定期培训、交流研讨等方式，不断提升管理队伍的综合素质与业务能力。

第二，积极构建智能化管理机构。这要求高校彻底改变传统的管理方式，充分利用现代信息技术手段提升管理效率。通过精简传统垂直管理组织体制的中间层级，赋予基层业务人员更大的决策权与信息处理权，使他们能够更加自主地开展横向协调与合作，实现知识与信息的自由共享。同时，高层决策者应聚焦于战略性管理决策的制定与实施，加强各横向科研部门与组织之间的沟通与协作，确保科研资源的优化配置与高效利用。

第三，推行市场化管理模式。高校科研管理应紧密围绕市场需求进行战略布局与规划。通过引导和组织高校内部的应用型科研机构积极融入市场，建立与企业之间的紧密合作关系，实现“产、学、研”的深度融合与协同发展。这不仅能够有效促进高校科研成果的产业化进程，还能够显著提升高校的科研实力与社会影响力。

第四，实施科研项目课题制管理模式。该模式强调以课题为核心进行科研资源的配置与管理。研究团队应由固定人员与流动人员共同组成，课题负责人根据研究需求与实际情况自主选聘流动人员，并承担相应费用。这种灵活的人员配置方式有助于提高科研项目的执行效率与响应速度。

第五，创新科研人才培养模式。高校科研管理队伍应根据本校实际情况与发展需求，制订并实施针对性的科研人才培养计划。通过构建层次分明、衔接紧密的科研人才培养体系，为不同层次的科研人员提供多样化的成长路径与科研任务。同时，鼓励科研人员在同一科研项目组中进行跨领域、跨学科的搭配组合，以促进知识交流与思维碰撞，培养具有自我发展、自我提高能力的科研团队。

第六，建立体现知识价值的分配制度。在知识经济时代，必须充分认可并体现知识的价值，以吸引并留住高层次人才。因此，高校应构建一套科学合理的分配制度，确保科研成果与技术投入能够作为参与收益分配的重要因素。通过为有所作为、贡献突出的科研管理与科研人员提供合理的经济回报，激发他们的工作热情与创造力。同时，还应通过提高科研人员的福利待遇、树立科学家与管理人才的典型榜样等方式，进一步营造尊重知识、尊重人才的良好氛围。

第三节　高校科研管理的体系阶段

一、高校科研管理的前期阶段

（一）校外课题的来源

课题研究的前期管理，即校外课题管理的初始阶段，主要涵盖了在获得课题申报信息后的选题、论证及申报工作。校外课题的来源丰富多样，主要可归纳为以下三种类型：

第一，教育科学规划课题，这是一类根据国家科研发展规划，在教育领域内精心设立的重要研究课题。此类课题涵盖了各省（自治区、直辖市）哲学社会科学规划中的教育学课题，以及教育部和各级教育行政部门［如省（自治区、直辖市）、市、区、县］设立的教育科学规划课题。这些课题紧密围绕国家教育发展战略，旨在推动教育科学的进步与发展。

第二，教师科研的专项课题，这类课题是为了推进特定专项工作或针对专门科学领域而设立的研究项目。例如，中华人民共和国教育部人文社会科学研究项目，全国教育科学规划领导小组办公室与教育部人事司合作的“园丁工程”专项课题、与教育部体卫艺司合作的“学校体育、卫生、艺术和国防教育”专项课题、与教育部考试中心合作的“教育考试科学研究”专项课题，以及全国教育科学规划办设立的“外语教育研究专项课题”等。这些专项课题聚焦于教育领域的特定问题或领域，旨在通过深入研究推动相关领域的创新与发展。

第三，委托课题，这类课题是学校受校外行政部门、企事业单位或科研机构委托而开展的研究项目。除了委托课题外，这些委托方每年还会发布课题申报信息，学校需密切关注并积极响应。一旦获得课题申报信息，学校应立即组织专业团队进行选题、论证及填写课题申请表等工作，以确保能够顺利申报并成功立项。

（二）选题的管理

选题作为课题研究的核心环节，是课题内容与研究任务的高度凝练与概括，直接体现了课题的整体思想与研究价值。因此，在选题过程中需谨慎对待，确保所选课题既具有研究价值又符合实际需求。

学校应根据基础教育和学校的发展需求，结合实际情况，确定具有实际意义和研究价值的课题。在选题时，可参照课题指南进行筛选，但也不必拘泥于指南，可根据实际需要和实际情况自设课题。为确保选题的科学性和有效性，需遵循以下基本要求：

科学性：选题应聚焦于教育改革和发展中的真实问题，明确研究的时间、空间背景及关键事件等条件，确保研究具有可操作性。同时，所选课题需符合教育科学研究的基本规范和要求。

新颖性：选题应追求新颖独特，可探索学术空白领域、学科前沿理论，或对老问题进行新视角的审视、新问题的发掘，以及新策略、新方法的运用。同时，积极引进和推广海外新理论和新观点，以丰富和拓展研究的广度和深度。

适中性：选题规模需适中，既不宜过大导致研究难以深入，也不宜过小限制研究的广度和深度。应追求以小见大，通过深入研究小问题来揭示大规律，实现小而精深的研究目标。

实际性：选题需充分考虑学校的学术基础和优势，确保所选课题与学校实际情况紧密结合，能够解决实际问题并推动学校发展。同时，选题还应具有一定的前瞻性和创新性，以引领学校科研工作的新方向和新趋势。

（三）课题的论证与申报流程

当课题选题确定后，高校需精心组织人力，依据课题研究申报书的具体要求与内容，对课题进行详尽的论证，并准确填写课题申报书。值得注意的是，不同来源的教育研究课题，其申报要求往往存在差异。但一般而言，课题研究申报书应涵盖以下核心内容：

第一，国际研究现状与趋势分析。此部分旨在全面审视课题申报人对拟研究问题的国际现状是否具备清晰的认知。申报人需展示其对研究领域的深入了解，这是课题申报成功的基础性要素。通过深入分析国际研究现状与趋势，申报人能够明确自身研究的定位与价值，为课题的成功申报奠定坚实基础。

第二，选题意义的阐述。选题意义部分应着重说明研究选题在学术（或理论）和实践层面的双重价值。学术价值体现在对学科发展的推动作用，而实践价值则关注于研究成果在实际应用中的可行性和效果。通过深入剖析选题意义，申报人能够向评审专家展示课题研究的必要性和紧迫性。

第三，研究目的与主要内容的明确。研究目的旨在阐述通过课题研究期望达成的理想状态，而研究内容则聚焦于课题研究中需要深入探讨的关键问题。明确研究目的与主要内容有助于申报人理清研究思路，确保研究工作的针对性和有效性。

第四，研究重点、难点与创新点的剖析。此部分要求申报人明确指出课题研究中的核心问题和潜在难点，并阐述解决这些问题的策略。同时，申报人还需提炼出课题研究的创新点，以展示研究的独特性和前沿性。通过深入剖析研究重点、难点与创新点，申报人能够向评审专家展示其研究的深度和广度。

第五，研究设计的规划。研究设计部分应涵盖研究思路、主要方法、进度安排等内容。研究思路需清晰展现研究问题的操作顺序和逻辑线索，而研究方法则需明确说明在课题研究中的具体应用目的和范围。进度安排需具有阶段性，每个阶段需突出一个重点，并确保阶段间具有连贯性。通过合理规划研究设计，申报人能够确保研究工作的有序进行。

第六，研究基础与参考文献的梳理。研究基础部分需介绍前期研究状况、研究队伍及研究的保障条件等。前期研究状况应展示课题组成员在相关领域已取得的成果和积累的经验，以增强评审专家对课题研究的信心。参考文献部分则需列举与课题研究紧密相关的学术文献，以证明研究的科学性和严谨性。同时，研究队伍的介绍需关注成员的学术背景、研究经验及团队结构等方面，以展示研究团队的专业性和协作能力。

第七，预期研究结果及其去向的说明。预期结果包括阶段性成果和最终成果，需明确反映课题研究的预期成效。成果形式可多样，如学术论著、学术论文、调研报告等。同时，申报人还需说明研究成果的应用领域和潜在价值，以展示研究的实用性和前瞻性。

第八，研究经费预算的编制。研究经费是课题顺利实施的重要保障。在编制经费预算时，申报人需严格按照相关管理办法执行，确保各项预算有据可依、合理可行。经费额度应满足课题研究需求，并留有余地以应对可能的风险和挑战。通过精心编制经费预算，申报人能够向评审专家展示其对课题研究的全面规划和充分准备。

在完成了课题论证和课题申报书的填写工作后，还需遵循课题申报程序进行后续操作。学校科研主管部门或教研室应对教师申报的课题进行形式审查，确保申报材料的真实性和规范性。审查合格的申请材料需加盖学校科研主管部门或学校公章后报送相关部门。这一过程旨在确保课题申报的严谨性和公正性，为课题研究的顺利实施奠定坚实基础。

二、高校科研管理的中期阶段

（一）课题的开题

开题作为课题研究实施的第一个关键环节，其核心目的在于对课题研究进行深入的论证和细致的设计，以确保研究的可操作性和有效性。通过开题环节，课题组成员能够对研究的目标、意义、内容、方法、步骤等核心要素有更为清晰和深刻的理解，从而为后续研究的顺利推进奠定坚实基础。

课题开题通常以会议的形式进行，由学校教育科研主管机构精心组织。参会人员不仅包括课题组成员，还可广泛邀请学校教育科研管理人员以及具备丰富经验的评议专家共同参与。开题会议的主要程序严谨而周密：首先，由会议主持人详细介绍参会人员的背景与职责；其次，学校主管领导庄重宣读课题立项通知，正式拉开开题会议的序幕；再次，课题负责人将作开题报告，全面阐述研究目的、选题意义、课题价值、研究条件、国际研究现状、课题内容、研究方法与技术路线、预期成果、研究阶段与任务分工、经费预算等核心要素，为与会人员提供详尽的研究蓝图；复次，评议专家将针对课题研究提出宝贵的意见和建议，为研究的完善提供有力支持；最后，与会人员将围绕课题研究展开深入讨论，共同为研究的顺利推进贡献智慧与力量。

课题开题管理对于促进教育科研的规范化、科学化、效率化发展具有重要意义。学校教育科研管理部门需高度重视、精心组织开题工作，确保开题会议的顺利进行。在开题前，管理部门应认真审核课题负责人撰写的开题报告，确保其全面、翔实、规范，为研究的顺利推进提供有力保障。开题会议应营造求真务实、力求实效的学术研究氛围，鼓励与会人员充分发表意见，集思广益，共同为课题研究理清思路、聚焦重点、合理分工、指导实施，为研究的成功奠定坚实基础。

（二）中期的检查

中期检查作为课题研究实施过程中的常规性管理环节，对于确保研究的顺利推进和及时发现并解决存在的问题具有重要意义。在中期检查前，课题负责人需精心撰写中期检查报告，全面总结研究工作的主要进展、阶段性成果、主要创新点，同时客观分析存在的问题、重要变更以及下一步计划等核心要素，为中期检查提供有力依据。

中期检查形式多样，其中召开中期检查会议是最为普遍且有效的方式之一。会议由学校教育科研管理机构精心组织，参会人员涵盖课题组成员、学校教育科研管理人员、评议专家以及关注课题研究的相关教师等多元主体。会议的主要程序严谨而周密：首先由主持人介绍参加中期检查评议的专家背景与职责；随后由课题负责人详细汇报课题研究的进展情况，展示阶段性成果与创新点；接着由专家进行细致的检查和深入的评议，为研究的完善提供有力指导；最后与会人员将围绕课题下一阶段研究的问题及策略等展开热烈讨论，共同为研究的顺利推进贡献智慧与力量。

通过中期检查会议，可以及时发现并解决研究中存在的问题与不足，确保研究的顺利推进和高质量完成。同时，中期检查也是促进课题研究团队沟通交流、激发创新思维的重要途径，有助于推动研究的深入发展和创新突破。

（三）课题结题和鉴定

课题的结题和鉴定是当课题研究结束后对课题研究计划执行情况和研究成果进行的终结性评估验收环节，对于全面总结研究经验、展示研究成果、推动教育科研事业持续发展具有重要意义。结题和鉴定工作主要包括三个核心环节：

首先，课题组需向主管部门正式提出结题鉴定申请，并按要求提交结题（或成果鉴定）申请报告、课题最终研究成果、阶段性研究成果、结题报告等相关材料，为鉴定工作提供全面而详实的依据。

其次，主管部门将组织专家对课题进行严格的鉴定验收。鉴定方式多样，其中通信鉴定和会议鉴定是最为常见的两种形式。专家将依据研究计划、研究成果及相关材料进行深入细致的鉴定评估，并撰写鉴定意见，对课题研究能否通过验收作出明确判定。

最后，主管部门将汇总专家的鉴定意见并正式发布课题鉴定结果。若课题通过专家鉴定，则标志着课题研究的圆满成功和顺利结题。结题和鉴定工作不仅是对课题研究质量的全面检验也是对教育科研工作者辛勤付出的肯定与鼓励，有助于推动教育科研事业的持续健康发展。

三、高校科研管理的后期阶段

（一）课题研究成果的登记和归档

课题研究的开题、中期检查和结题鉴定是确保研究质量、规范性和有效性的关键环节。开题阶段，课题组成员需对研究目标、意义、内容、方法等进行深入论证和设计，通过会议形式，由课题负责人全面阐述研究计划，评议专家提出建议，共同为研究的顺利进行打下基础。中期检查则是对课题研究进展的常规性管理，通过中期检查报告和会议，总结进展、成果和问题，确保研究按计划推进。课题结题和鉴定是对研究计划执行情况和成果的终结性评估，包括提交结题材料、专家鉴定和发布鉴定结果，全面总结研究经验，展示成果，推动教育科研的持续发展。这三个环节相互衔接，共同保障课题研究的顺利进行和高质量完成。

（二）科研成果的推广和转化

学校科研成果的推广与运用构成了学校教育科研工作的核心环节，其关键在于确保推广工作建立在切实有效的成果之上，并经过精心规划、周密组织及科学执行。这一过程的实施形式多样，主要涵盖直接转化、交流启发及政策建议三大方面。直接转化式推广，即将科研成果中的科学结论直接应用于教育实践活动中；交流启发则通过公开发表研究成果、论坛演讲及多元化渠道传播，以此影响和启迪教育工作者；此外，还可以通过形成研究报告或政策建言的形式，提交给相关管理部门，直接服务于教育政策的制定与优化，从而全面促进科研成果在教育领域的深入应用与广泛影响。

（三）科研成果的评奖和申报

设立教育科研优秀成果奖是教育科研主管部门或相关组织为了表彰和奖励在科研领域取得卓越成就的研究者而采取的一项重要举措。这一奖项不仅体现了政府或社会对高质量研究成果的认可，也旨在激励广大科研人员持续投身于科学研究，推动教育科研事业的繁荣发展。

教育科研优秀成果奖的评奖范围广泛，涵盖了公开出版的著作、工具书、论文，以及调查报告、研究报告、实验报告等多种形式的研究成果。这些奖项的来源多元化，包括上一级教育科研管理部门、学校本身、群众社团、学会等民间行业组织，以及学术论坛等学术交流平台。这些不同层级的组织和平台共同为教育科研优秀成果奖的评选提供了丰富的候选资源。

学校教育科研成果奖的申报程序严谨而有序。首先，申报者需填写由上级教育科学规划领导小组办公室或相关机构统一印制的教育科研成果奖励申报评审书，详细阐述研究成果的创新性、实用性和影响力。其次，学校教育科研管理机构将对申报书进行严格审查，确保申报材料的真实性和完整性，并加盖公章、签署意见后统一上报。再次，教育科研管理部门或相关机构将组织专家对申报成果进行专业评审，依据研究成果的学术价值、社会贡献和影响力等因素进行综合评估。最后，优秀成果奖组织单位或教育行政部门将对获奖成果进行表彰，颁发荣誉证书，并通过多种形式和渠道向社会广泛发布与宣传，以彰显教育科研的优秀成果，激发更多科研人员的积极性和创造力。

第四节　高校科研管理的组织结构

一、高校科研组织结构的层次与功能

（一）高校科研组织结构的层次

高校教育科研组织机构根据其职责和性质的不同，可以分为三个层次：决策层、管理层和执行层。决策层主要由学校教育科研领导机构构成，如科研领导小组，通常由校长或主管副校长担任组长，负责把握学校科研工作的全局，制定科研规划，确定重要课题，审批科研计划，保障经费落实，并协调各科研组织间的关系。管理层则是学校的教育科学研究室，负责全校科研工作的规划、组织、协调和管理，包括科研课题的申报、论证、立项、检查、成果评审和推广，以及组织教师学习教育理论、普及科研知识与方法、指导课题研究等。执行层则包括年级组、教研组、备课组等，是具体执行科研工作的部门，教师和相关管理人员是科研工作的具体实施者。

此外，学校中还存在一些非正式的教育科研组织，如群众性科研团队和课题研究小组等，这些组织具有自愿性和广泛性，能够激发教师的科研热情，促进他们开展符合自身特点的研究活动。这些非正式组织与正式科研组织相互补

充，共同推动学校科研工作的深入发展。

（二）高校科研组织结构的功能

学校教育科研组织机构承载着多重关键功能。首先，它具备管理功能，旨在通过有计划、有组织的协调校内资源，包括人力、财力、物力、时间、空间及信息等，以实现教育科研目标。这涉及科研规划、课题、成果、队伍、情报、经费及档案管理等多个方面。其次，研究功能作为其核心功能体现在解决学校教育改革与发展的紧迫问题，借鉴并创新先进教育理论及经验，以及总结本校教育经验，探索教育发展规律，丰富教育理论。再次，培训功能则侧重于组织教师学习先进教育理论，提升教育研究能力，并帮助教师总结或应用教育教学经验，以提高教学质量。最后，服务功能强调为学校教育改革、教师专业发展及提升教育教学质量提供支持，包括提供发展规划咨询、教育改革情报服务、解决实际问题、教师专业发展培训及教育科研成果的推广与应用等。

二、高校科研管理的现实组织结构

（一）高校科研管理现实组织结构的特征

高校科研管理组织结构在适应复杂多变的科研需求时，可以借鉴“矩阵管理法”这一高效管理模式。该方法允许根据研究的具体需求自由组合科研人员，形成一个灵活多变的组织结构。在这一结构中，学校科研管理部门扮演着协调者的角色，负责提供研究所需的财力、设备等资源，确保研究条件的充分满足。横向来看，研究活动以课题为中心展开，而纵向则跨越各个院系、研究所，将相关研究人员紧密联系在一起，形成跨学科的研究小组或攻关团队。这种组织结构充分利用了网络技术，促进了不同学科在交叉点上的融合与创新，为实现科学研究的突破提供了有力支持。

矩阵制科研管理组织结构以问题为导向，灵活多变，能够根据研究需求快速调整人员配置。每个课题组作为这一组织结构的基本单元，其成员可能来自不同的学院、研究室，甚至可能是校外人员，如其他大学的学者或社会上的研究机构、企事业单位的专家。这种多元化的成员构成不仅丰富了研究视角，也促进了不同领域知识的交流与融合。课题组人员虽在行政上隶属于各自院系，但在研究项目中则需接受课题组负责人的直接领导，共同为项目的进度和质量负责。这种双重领导机制既保证了研究的专业性，又促进了跨学科的交流与合作。

（二）高校科研管理现实组织结构的具体实施——组建科研团队

为了充分发挥矩阵制科研管理组织结构的优势，避免课题组在实际操作中出现非正式组织结构的弊端，高校应致力于组建稳定的科研团队。科研团队是以共同的科研目标为基础，通过特定方式紧密结合在一起的科研群体。与一般的课题组相比，科研团队具有更高的稳定性和组织性。

科研团队的核心特征在于其成员间的紧密联系与协作。团队成员基于共同的活动目标相互支持、相互配合，形成了独特的团队文化和行为规范。在团队中，每个成员都扮演着不可或缺的角色，共同为实现科研目标而努力。特别是团队带头人，作为引领团队前进的关键人物，其领导力和科研能力对团队的成功至关重要。

与课题组不同，科研团队具有相对固定的组织结构。即使某个科研项目完成后团队暂时解散，其核心小组仍将继续存在，并继续寻找新的科研项目以维持团队的持续运作。在组建新的科研团队时，核心小组将发挥关键作用，负责邀请相关领域的外围专家加入团队，共同开展新的研究工作。这种稳定的组织结构有助于保持团队的凝聚力和战斗力，为科研工作的顺利开展提供有力保障。

为确保科研团队的正常运作和科研目标的实现，需要建立科学的团队管理机制。这包括明确团队成员的职责分工、建立有效的沟通协作机制、制定合理的激励机制等。这些措施的实施，可以激发团队成员的积极性和创造力，促进团队内部的和谐与协作，为科研工作的成功奠定坚实基础。同时，这些管理机制也将有助于整个科研管理矩阵制组织结构的协调发展，推动高校科研工作的不断创新与进步。

三、高校科研管理的未来组织结构

（一）高校科研管理未来组织结构的特征

1. 网络化与虚拟化

在未来研究型大学的科研管理领域，网状结构的组织形式将愈发凸显其优势，更加精准地契合科研创新的发展需求。这一结构中，各研究小组、工作站、课题组及项目计划团队等作为网络的核心结点，彼此间呈现出一种平等且灵活的非刚性关系。以校内顶尖学术组织为引领，依托先进的计算机网络通信技术，这些结点能够与社会各界的信息精英保持即时互动，实现信息的无缝流通。同时，它们还能跨越界限，与其他机构携手组建科研项目组，或共同创立学院、科技中心等实体，从而在校园内外编织出一张紧密相连、纵横交错的科研网络。这张网络不仅极大地促进了科研组织间的全面信息交流，还显著加速了高校科研成果的产业化进程，并极大增强了科研单位对外界变化的适应能力和创新能力。科研组织虚拟化趋势的日益加强，对高校科研管理的专业性和效能提出了更高要求，促使网状科研管理组织结构不断向更深层次的虚拟化演进。在此背景下，科研虚拟组织结构应运而生，它围绕特定的研究目标，灵活整合所需资源及组织功能，构建起一个跨越时空界限的“柔性合作联盟”。该联盟以信息网络为基石，借助尖端的网络技术和信息系统，迅速将分散在不同学科、地域和行业的精英人才联结成一个统一的虚拟实体，其柔性特质体现在人员构成、组织规模、研究领域和范围的动态可调性上，为科研合作开启了无限可能。

2. 行政权力被削弱

在科研管理领域，流程管理服务的崭新理念正日益受到重视，它颠覆了传统范式中对人、技术和组织结构三要素的单一聚焦，转而将科研流程置于核心地位，并在此过程中有意识地削弱行政权力的主导角色。传统上，科研管理往往侧重于对科研人员的调配、技术的运用以及组织结构的优化。然而，随着虚拟化管理方式的兴起，科研管理的视野得到了极大拓展，它开始全面审视并优化整个科研流程，将时间、空间、信息等多重维度纳入管理范畴。这一深刻转变不仅重塑了科研管理的内涵，更使得“服务”成为贯穿科研管理全过程的核心理念，而原本占据重要地位的行政权力则逐渐退居幕后，让位于更加灵活、高效的流程管理机制。

3. 成立虚拟科研团队

在科研管理的组织形式中，虚拟科研团队无疑是最具代表性的。虚拟科研团队是围绕一个共同的科研项目而临时组织起来的，其组织结构相对不稳定，成员会随着项目的进展而随时发生变动。项目成员对于项目的参与程度也各不相同，成员之间的关系也相对松散。因此，在大多数情况下，甚至在团队成员和科研项目管理者眼中，虚拟科研团队并不被视为一个真正的团队。然而，在信息技术飞速发展的今天，虚拟科研团队却能够依靠先进的信息技术实现跨区域的实时交流，完成特定的科研任务。与传统沟通方式相比，虚拟科研团队的组织边界更加宽泛，甚至可以跨越地区、跨越国界进行合作。这种组织形式不仅提高了科研效率，还促进了全球范围内的知识共享和创新合作。

（二）高校科研管理未来组织结构的优势

与传统科研管理组织结构相比，虚拟化的科研管理组织结构展现出显著的优势。它构建了一个知识型、学习型的新型组织环境，减少了管理层次，缩短了信息流通的路径，使得组织能够更快速地响应外部需求，从而加快了决策速度，提升了研究与开发的效率。这种环境为科研人员提供了宽松的氛围，激发了他们的创新思维和灵感，促进了跨学科、多领域的知识集成，进而催生了高水平的科研成果。

此外，虚拟化的科研管理组织结构突破了传统科研单位的界限，汇聚了更为丰富的科研资源。它能够在各种组织之间实现渗透和延伸，促进国内外科技、教育及企业之间的紧密联系，实现资源的优化组合。这种结构为知识共享和终身学习提供了平台，促进了高校科研与高科技企业的优势互补，以及国际间人才的交流与合作，从而以较低的成本实现了组织的高柔性，为取得高水平研究成果创造了条件。

在动态竞争的环境中，高校面临着如何把握方向、培育科研特色、提升创新能力的挑战。因此，构筑高校科研核心竞争力显得尤为重要。核心竞争力是组织内部一系列独特技能和知识的结合，它能使组织在特定领域达到世界一流水平。在虚拟化组织结构下，高校需要提炼、整合并培植独特的科研专长，以在竞争中脱颖而出。

尽管虚拟科研管理组织结构展现出诸多优势，但它也面临着一些挑战和问题，如产权模糊性带来的复杂性等。此外，其通用性和普遍适用性仍有待进一步验证。然而，随着人类社会逐步迈向全面知识化时代，科研管理组织结构虚拟化的发展趋势已不可逆转。高校需积极应对这一变化，充分利用虚拟化组织的优势，同时努力解决其潜在问题，以推动科研工作的持续创新与发展。

第四章

高校科研管理创新路径探索

第一节　高校科研经费管理实践与创新

一、高校科研经费管理的误区与对策

（一）对高校科研经费管理的认识存在的误区

1. 科研经费评估的异化现象

在高校科研生态中，科研项目数量与科研经费规模被不恰当地视为衡量学校综合实力与学术水平的核心标尺。这种评估导向促使部分高校过度聚焦于科研经费的争取数量，而忽视了其使用的实际成效与科研产出的质量，从而导致科研经费的原始意图被严重扭曲。高校管理层往往将获取更多科研经费视作提升学校知名度与增加财务收入的快捷途径，这种重数量、轻实质的倾向，不仅误导了科研经费的管理者与申请者，还使他们陷入了追求数字增长的认知误区。对于科研人员来说，科研经费的多少及项目级别的高低，竟成了评价其学术成就与职业发展的关键指标，形成了“科研项目繁多且级别显赫即等同于卓越教师”的片面观念，这显然已背离了科研探索真知、推动进步的本质目标。

2. 科研经费使用认知的偏差

随着新预算法的深入实施，科研经费的管理已逐步融入经费预算的规范体

系之中。然而，由于科研人员对科研经费管理制度的认知尚存不足，在项目申请的预算编制阶段往往缺乏严谨细致的测算与长远规划。这种前期筹备的缺失，直接导致了科研项目执行过程中经费报销环节的诸多困扰，出现了“资金充裕却难以合理支出”或“报销流程繁琐艰难”的尴尬状况。在此背景下，科研经费的使用目的悄然间发生了偏移，原本应专注于支持科研活动的经费，却逐渐演变成了单纯为了完成报销任务而存在的工具。这种转变不仅极大地降低了科研经费的使用效率与效益，还可能诱发套取科研经费、违规报销等不法行为，这会严重背离了科研经费设立初衷，损害了科研活动的纯洁性与公信力。

（二）完善高校科研经费管理的对策

1. 纠正高校科研人员的认识偏差，强化科研经费管理意识

在推进高校科研工作的进程中，首要且关键的任务是加强对科研人员关于经费申请与使用的全面政策指导和专业培训。这不仅要求详细解读国家及地方相关政策法规，更需建立起科研人员与财务人员、科研管理人员之间常态化的沟通交流机制，确保信息的及时传递与深入理解，从而有效纠正部分科研人员可能存在的对科研经费认知上的偏差。必须明确指出，科研经费是课题单位为支持科研工作而专项拨付给科研人员的费用，其性质属于公共资源，绝非个人或小组私有财产。作为科研活动的法人主体，高校拥有对科研经费使用的合理性、合规性、合法性及效益性进行全面监督与管理的权力、义务与责任。

此外，高校科研活动的管理应全面覆盖从项目申报、立项审批、实施执行到结题验收的每一个环节。科研人员需深刻认识到每个环节的不可或缺性，端正态度，树立起管好、用好科研经费的强烈责任意识。在科研经费数额的认知上，需引导科研人员树立正确的价值观，避免将其视为评价科研能力、科研水平及行业影响力的唯一标准。为此，应构建一套科学、全面、公正的科研经费投入产出评价体系，从经费申请到科研成果产出的全过程实施严格监督与管理，以期提升高校的科研产出效率与质量。

2. 健全科研经费管理机制，提升管理效能

（1）建立健全科研经费支出管理制度体系

各高校应紧密结合自身科研工作的实际特点、科研经费来源的多样性及配套经费的实际情况，严格按照教育部等相关部门的要求，制定涵盖科研项目立

项、实施、评价、成果转化等全过程管理的各项支出规定。这些规定应具体、明确，涵盖差旅费、会议费、间接费用及经费报销等各个方面，为科研人员依法依规开展科研活动提供坚实的财务制度保障。通过不断完善和优化这些制度，确保科研经费的每一笔支出都能做到合理、合规、合法。

（2）加强科研项目预算管理，提升预算准确性

为提升科研项目预算的精准度和科学性，高校应组建由科研处、财务处、项目负责人等多方参与的项目预算小组。该小组应共同参与项目预算的估算工作，并在校园网站等公开平台上发布关于科研经费管理的相关规定，提高科研人员对经费管理制度的认知度。项目负责人应根据项目实施的实际需求、项目特点及相关管理规定，精心编制详细的预算清单，精确计算每个阶段所需的资金，并合理分配至各项研究活动中。财务处应结合科研经费管理的实践经验，认真审核预算清单，指出其中可能存在的不合理之处，并指导项目负责人进行修正。科研处则应根据国家及高校的相关管理文件，结合长期积累的审核经验，对预算清单进行最终审定。同时，在预算执行过程中，应允许项目负责人在总预算范围内，根据实际情况对各预算项目进行适度调整。

（3）强化横向课题管理，激发科研合作活力

对于横向课题的管理，高校应采取分账核算的方式，将校内外的科研项目均纳入科研经费管理的范畴。在横向科研项目管理中，应充分体现激励机制，结合项目完成数量、经费总额及使用情况等指标，对在横向项目中做出突出贡献的人员在职务晋升、薪酬待遇等方面给予倾斜。通过这一措施，激励广大教师和科研人员积极开展横向联系与合作研究，拓宽科研领域和资金来源。同时，高校应鼓励更多专业人员参与科研过程，对科研项目的每一个环节进行跟踪管理，确保科研项目的顺利推进和经费的合理使用。

（4）引入电子发票查重小程序，提升财务管理效率

为进一步提升科研经费管理的效率和准确性，高校可将电子发票查重小程序应用于财务工作中。该小程序支持同一财务处的多名财务人员进行联合查重，并通过网络平台实现信息共享。通过这一工具的应用，可以显著减少财务人员的重复工作量，降低工作失误的风险。同时，这也能大幅提升工作效率，有效防止科研经费的流失和报销漏洞的堵塞。

（5）实施工作报酬与项目补贴制度，激发科研人员创新热情

为更加公平、合理地激励科研人员的工作积极性，高校应取消传统的科研提成制度，转而采用工作报酬与项目补贴相结合的管理办法。教师的工资待遇应主要依据其教学质量、学术研究活动成果等因素确定。高校应根据教师在岗位工作中的品德表现、技能水平、业务能力及学术研究贡献等因素，动态调整

其工资待遇。通过这一制度的实施，将按劳分配原则真正落到实处，从而激发科研人员的创新活力和工作热情，推动高校科研事业的蓬勃发展。

3. 构建科研大数据监管分析系统，完善科研经费评价考核机制

为了更有效地监管科研经费的使用，高校应着手建立一个全面而高效的科研大数据监管分析系统。这一系统应涵盖多个数据库，包括但不限于政策法规数据库、人才数据库、资产数据库、学术数据库以及失信清单数据库等。政策法规数据库将实时更新最新的科研经费管理政策，为科研人员提供明确的法规指导；人才数据库则记录科研人员的专业背景、研究成果等信息，其有助于精准匹配科研项目与科研人员；资产数据库则追踪科研资产的调配使用情况，确保资产的高效利用；学术数据库则整合论文发表、期刊出版等信息，评估科研成果的影响力；而失信清单数据库则记录科研不端行为，以警示科研人员遵守科研诚信。

通过构建并持续同步更新科研经费数据库，系统能够实时为科研人员提供经费使用的详尽数据反馈，并运用数据分析技术辅助监管人员及时发现并识别科研不端行为的潜在迹象，为科研活动提供精准、有价值的指导建议。监管人员可依据工作实际需求，灵活运用查询、深度分析及数据汇总等多元化技术手段，实现对科研经费使用的动态、人性化监管。与此同时，高校应当深化科研经费评价考核机制的改革，摒弃传统单一的年度考核模式，转而采纳以“标志性科研成果”为核心的综合评估体系。依托大数据技术的强大支撑，科研评价考核体系将趋向智能化、动态化，能够迅速、精确地捕捉科研学术活动的最新进展，显著提升评价考核的合理性与精准度。这一变革将有效激励科研人员聚焦于高质量科研成果的产出，为科研工作的持续创新与进步注入强大动力。

4. 构建全面预防与惩治的法律保障体系

鉴于当前高校科研经费管理领域法律法规尚不完善的现状，我国亟须加速推进相关法律法规体系的健全工作，为科研经费的规范使用筑起坚实的法律防线。这需从高校科研经费管理中出现的腐败案例出发，深入剖析其根源与特性，并据此制定具有高度针对性的法律法规。构建一套综合性的预防与惩治机制，旨在有效约束科研行为，确保科研环境的公平、公正与稳定。此外，该法律体系还将致力于保障科研人员的正当权益，激发他们的创新潜能，为科研事业的蓬勃发展提供强有力的法律支撑。

5. 搭建跨部门科研经费协同信息平台

在信息化技术飞速发展的今天，高校应紧抓时代机遇，充分利用现代信息技术手段，打造科研经费跨部门协同管理的信息平台。该平台将作为科研经费管理数据的集散地，实现各类相关信息的集成与共享。借助此平台，科研管理部门能够实时追踪科研经费的使用情况，迅速调整管理策略；财务部门则能紧密结合科研实际需求，科学合理地编制经费预算，并加强合规性审核；资产部门则能依据科研活动的动态需求，高效调配资源。各部门间通过平台的紧密协作与信息共享，将极大提升科研经费管理的效率与效能，有力推动高校科研工作的高效、有序进行。

二、高校科技创新中科研经费“放管服”改革实施对策

（一）政府部门科技创新“放管服”实施对策

1. 厘清政策边界，精准把握自主权下放尺度

高校科技创新“放管服”改革，作为高校治学自主权在科技创新领域的深化应用，其核心在于平衡政府与高校之间的权责关系，为高校科技创新提供更加宽松自由的环境。政府作为外部治理主体，其角色定位至关重要。在改革过程中，政府需明确界定与高校的权责边界，既要给予高校充分的科技创新空间，又要确保高校在自主办学的同时不偏离国家科技发展战略的轨道。

长期以来，我国高校与政府之间形成了中央集权的管理模式，政府对高校实施全方位管理，包括科研经费、人事安排、绩效评价等。然而，随着社会主义市场经济的发展，这种管理模式逐渐显露出其局限性，无法满足高校多元化自主办学和科技创新的需求。因此，“放管服”改革应运而生，其旨在通过转变政府职能，实现政府与高校之间的良性互动。

在改革过程中，政府应着重制定宏观科技政策、控制市场准入、严格监管高校政策执行等关键领域，避免过度干预高校的微观管理。通过“放权”，政府可以激发高校的科研与教学活力，鼓励高校根据自身特色和科研需求制定差异化的人事政策、专业设置和科研经费管理策略。同时，政府在“放权”过程中需保持谨慎态度，确保权力下放的科学性和合理性，避免权力滥用或管理失控。

针对高校科研财务政策，政府应制定渐进的过渡政策，避免直接拨款转为自筹导致的经费波动。各级地方政府在对接中央科技创新“放管服”改革意见时，需从细节入手，精准把控管理尺度，确保改革措施既符合国家政策导向，又符合地方高校实际发展情况。

2. 强化改革监管，确保权力平稳下放

在“放管服”改革过程中，加强监管是确保政策有效落地、权力平稳下放的重要保障。从当前督查情况来看，部分高校仍存在管理薄弱、内控制度不到位等问题，这主要归因于地方政府相关部门缺乏有效的督查制度和奖惩措施。

为确保改革成效，政府应制定长效检查机制，对高校及科研院所进行定期和不定期的督查，确保政策得到有效执行。同时，政府还应加强科技创新监管激励机制，提升高校科研独立意识，通过严格的督查和信用评级制度，对高校的科研管理改革创新和内部控制工作进行监督和评价。

在监管过程中，政府应引入惩罚机制，降低高校在选择低努力水平策略时的期望收益，鼓励高校积极投入科研管理改革。此外，政府还应将督查结果与高校的科研行政审批、经费核定、项目设备处置等挂钩，通过制度化的监管手段确保高校在改革过程中不偏离政策导向。

针对高校科研管理的信用评级体系，政府应建立科学评价体系，根据各高校经费、项目管理等情况进行综合评估。对于评级良好的高校，政府应给予相应奖励措施，以资鼓励；对于存在问题的高校，则应及时指出问题并督促整改。通过有效监管和激励措施相结合，政府可以确保科研自主权的平稳下放，推动高校科技创新事业的持续发展。

（二）高校科研经费“放管服”实施对策与建议

1. 把握自主权开放标准，做好放管权责界定

在国家提出针对高校的“放管服”改革意见之初，地方政府的主导性尚不够强，加之高校自身也缺乏足够的主动性，导致“放管服”政策在落地过程中，细则的制定遇到了诸多困难。政府对自主权下放的边界较为模糊，这不仅增加了高校制定具体细则的难度，也不利于高校自主权的充分发挥。

同时，高校在开放科研领域自主权时，还需要特别关注科研管理者与科研工作者之间的权力对接与责任追究机制。这就要求高校在接收政府下放自主权

的同时，必须深度改革自身的科研内控制度，包括科研人员管理、科研经费管理、产学研合作管理等各个方面。现有的内控制度亟须完善，以更好地与政策接轨，确保科研工作的顺利开展和科研成果的有效转化。

2. 优化科研机构设置，促进产学研协同发展

为了打破目前科研管理运行机制的桎梏，高校应积极响应国际趋势，努力打造多学科综合、多部门联合的开放性科研机构运行机制。同时，要充分利用国内“放管服”大环境下的政策福利，接管好政府下放的科研管理自主权，包括高等院校、科研院所的科技成果使用权、处置权和收益权等。通过提高科研人员科技成果转化的收益，实行绩效或股权激励等措施，从多个角度促进产学研合作的“放管服”改革。

在科研机构管理机制的改革过程中，高校在校内要注重多部门的统筹协调。通过多位一体地制定管理政策，实现科技、财务、审计、人事等多部门的联合管理，以防止机构内部权力分配不均和部门职能重叠等问题。同时，要定期举办部门交流活动，邀请财务部、科技部、人事部门等与科研人员共同交流科技“放管服”改革的进展与实施动态。通过倾听科研人员和科技管理人员的意见和建议，及时调整政策方向，更好地对接群众需求。

在校外方面，高校应高度重视与企业间的合作关系，积极建立校企合作机制。由政府牵线搭桥，使研究方向和内容与企业需求相近的高校和企业签订长期合作协议。通过打破企业、政府、高校之间的行政壁垒，实现多领域的深度合作。同时，要定期开展高校和企业间的人才交流合作活动，以讲座、讨论会等形式共同探讨项目选题、技术难题和市场信息等内容。通过启发新思路、开启开放性科学研究等方式，不断推动产学研合作的深入发展。

在产学研合作“放管服”改革过程中，我们还需要注意以下几个方面：一是要使研究内容对社会、企业保持开放态度。在准确把握科技前沿动态和市场需求的基础上，深入探讨科研项目的技术可行性和成果转化可行性。通过优化产学研链接、加强科技成果转化透明度等方式，不断提高科研成果的转化效率和成功率。二是要使科研团队保持对外开放性。一个项目的实施不仅可以从校内不同专业吸纳科研人才，还可以积极吸收校外企业生产研究人员进入科研队伍。通过丰富团队人员组成、吸纳外界经验等方式，不断提升科研团队的创新能力和竞争力。三是要从根本上提高科研人员科技成果转化的收益。通过制定合理的收益分配机制和激励措施，为产学研合作提供持续的动力和活力。

3. 完善科研人才管理体系，健全科研评价体系

高校科技创新“放管服”政策的深入推进，关键在于为科研人员提供更加宽松自由的研究环境，同时建立健全一套科学、公正、高效的科研人才管理和评价体系。这不仅有助于全面释放科研人员的创新活力，还能有效提升高校整体的科研实力和竞争力。

首先，在科研人才管理方面，高校应积极响应国家政策，全面放宽科研人才的准入门槛，赋予高校更大的用人和选聘自主权。高校应建立完善的科研人员聘用和管理机制，实行开放、流动的人才引入策略，积极吸引国内外顶尖科研人才加盟。同时，高校应打破传统的人才管理模式，不以职位编制为唯一标准，而是从科研项目的实际需求出发，赋予科研人员更大的留用自主权。科研人员在完成特定科研项目后，有权自由决定是否继续留任或另谋高就。此外，高校还应积极维护教师离岗创业或到企业兼职的合法权益，为他们提供更多的发展机会和空间。

其次，在科研人事管理方面，高校应充分利用国家下放的教师自主评审权和编制总量自主权，结合自身实际情况，合理制定用人总量规划，有效解决专职科研人员无编制、兼职科研人员无保障的问题。对于专职科研人员，高校应实行编制化管理，确保他们的职业稳定性和发展空间；对于兼职科研人员，则应采用灵活的聘用制管理方式，充分激发他们的创新活力；对于身兼教学与科研双重任务的高校教师，高校可采用累积薪级制工资制度，确保他们在不影响教学工作安排和工资福利待遇的前提下，能够全身心地投入科研工作。

再次，在科研评价体系方面，高校应积极响应教育部等上级部门的要求，下放专业设置和硕博士培养年限的自主权，鼓励高校根据市场需求和科研发展趋势，灵活调整专业设置和硕博士培养方案。同时，高校应重视学科交叉建设，培养具备跨学科背景的综合型人才。各院系应充分发挥自身优势，打造品牌专业和特色课程，吸引更多优秀的师生参与科研创新活动。

为了进一步提升科研人员的创新积极性，高校应建立规范科学的科研人才考核机制。根据岗位和学科差异制定差异化的考核政策，确保考核结果的公平性和准确性。在考核标准上，应坚持定性和定量相结合、数量与质量并重的原则，鼓励科研人员注重科研成果的质量和转化效率，而非单纯追求论文发表数量。同时，高校还应将科研项目评价机制与科研人员考核机制相结合，采用三年考核机制与年度考核机制相结合的方式，全面评估科研项目的完成情况和社会效益。对于科研团队的评价，应兼顾项目负责人和普通研究人员的贡献，提升团队凝聚力和整体科研实力。

最后，在激励制度方面，高校应建立灵活多样的激励机制，包括绩效激励和股权激励等。通过设立科技创新基金、科研成果转化奖励等方式，对在科研工作中取得突出成就的科研人员进行表彰和奖励。同时，高校还应积极为科研团队提供政策支持和资源倾斜，助力他们在科研道路上不断取得新的突破和进展。

4. 把握项目管理合规性，加强经费管理措施配套

在深化科技体制改革的大背景下，下放科研人员编制自主权、打通科技成果转化渠道以及建立服务型科研机构与多元化人才培养模式等举措，无疑为科研创新注入了新的活力。然而，与此同时，科研项目的全过程管理同样不容忽视，它直接关系科研成果的质量和效益。特别是在风险防控的视角下，科研项目的合规性管理显得尤为重要。

从改革难点中我们可以深刻剖析出，科研项目管理在风险防控方面存在诸多挑战。其中，由于合规审查不严，项目申报、立项及过程管理中往往会出现项目创新性不足、发生重大差错甚至舞弊等现象。这些问题的存在，不仅影响了科研项目的顺利推进，更损害了科研诚信和科研质量。因此，在科研管理“放管服”改革过程中，我们必须高度重视合规审查工作，并将其细化到科研项目的各个环节中。

为了加强合规审查，高校相关部门应积极响应国家及各级政府部门提出的改革意见，充分分析政策精神，因地制宜地修订和完善科研管理制度。这包括但不限于科研项目申报的审批流程、立项的评估标准、过程管理的监督机制以及结题的验收标准等。同时，还应建立科研管理岗位轮岗制度，以降低科研管理者的职业倦怠感，提升管理效能。

在具体项目申报前，应进行深入的可行性论证，确保项目的科学性、创新性和可行性。在审批过程中，应严格按照规定的权限和程序进行，确保决策的公正性和透明度。此外，对项目合作企业的资质进行审查也是必不可少的环节，这有助于防范潜在的合作风险。在项目合同中，应明确研究成果的产权归属、研究进度和质量标准等相关内容，以保障双方的合法权益。

在科研经费管理方面，改革的最终目标是灵活运用政策，将科研经费管理全面纳入科技创新管理控制体系，以提升科研管理的效率和有效性。为此，我们需要建立全方位的配套措施，以优化服务为核心。科技、财务、审计、人事等各个部门应协同合作，共同制定和完善科研经费管理的相关制度和流程。

在互联网时代背景下，我们可以充分利用信息技术手段，建立融合科研项目申报、科研经费预算、科研财务报销、科研项目结题审计等内容的综合性线

上科研平台。这一平台将极大地方便各部门和科研人员对科研项目进行管理与执行，提高管理效率和透明度。

同时，加强科研财务管理人员的培训也是至关重要的。通过深度解读政策、普及科研管理制度以及倾听科研人员的意见建议等方式，我们可以不断提升财务管理人员的专业素养和服务水平。此外，为各科研项目组配备科研财务助理也是一项有效的举措。这些助理将负责普及科研管理制度、解答科研人员在预算填报、科研经费报销以及设备购置与处置过程中的问题，从而减轻科研人员的负担，提高科研效率。

最后，在简化科研项目设备购置流程审批方面，我们也应积极探索和实践。通过与政府部门对接、简化办事流程以及放开对结题后项目设备的处置权等措施，我们可以为科研工作者提供更加便捷和高效的服务。这些配套措施的实施将真正做到为科研工作者服务、简化办事流程并提升科研经费管理效率。

（三）“放管服”改革中科研人员对接建议

1. 深度解读政策，强化制度执行力

科研人员作为提升高校科技创新水平与效率的核心力量，其政策理解力与执行力直接影响着科研项目的进展与成效。然而，当前部分科研人员在科技创新过程中对政策的理解存在不足，这导致在课题申报、科研经费管理等方面面临诸多困难。科研人员往往因教学任务繁重、时间紧张，加之缺乏专业指导，难以全面配合高校科研管理工作，这在一定程度上制约了高校科技创新的发展。

为了有效应对这一问题，高校应加强对科研人员的政策培训，确保他们充分理解并准确把握相关政策的精神实质和具体要求。同时，高校科研管理部门应设立科研财务助理岗位，为科研项目组提供专业的财务和管理支持，帮助科研人员更好地进行项目申报、预算编制等工作。此外，科研项目组内部也应设立科研管理助理人员，负责与校内科研管理部门对接，确保日常性工作的顺利进行。

在科研“放管服”改革过程中，科研人员应积极参与政策学习活动，深入了解科研经费报销、科研预算编制、科研人员管理等方面的新政策、新要求。通过团队内部讨论、分享经验等方式，促进科研人员之间的交流与合作，共同提升政策理解力和执行力。项目负责人应发挥引领作用，鼓励团队成员积极参与政策学习，确保整个科研团队能够紧跟政策导向，充分利用政策红利推

动科研项目的顺利实施。

2. 树立责任意识，激发创新活力

高校科研人员在享受“放管服”改革带来的自主权的同时，也应承担起相应的责任和义务。科研人员应树立正确的科研观念，明确自身在科研创新中的主体地位和作用，增强责任感和使命感。在面对国家与高校的简政放权制度改革时，科研人员应主动适应新形势、新要求，转变被动观念，树立主人翁意识。

在科研工作中，科研人员应坚持创新性、时间分配自主性、形式多样性、需求多层次性和气氛和谐性等原则，充分发挥自身优势和特长，积极开展创新研究。同时，科研人员还应加强自我约束和管理，严格遵守学术道德和科研规范，坚决抵制学术不端行为的发生。

随着“放管服”改革的深入实施，高校将进一步完善人才评价与支持机制，建立定性与定量相结合的人才评价体系，实施灵活的绩效激励制度。这些改革措施为科研人员提供了更加广阔的发展空间和机遇。因此，科研人员应积极响应改革号召，加强自身能力建设，提高项目经费使用的合规性和效益性。同时，科研人员还应积极追求正当的科研激励性奖励，降低对自身自主权过大带来的不正当期望，以更加饱满的热情和更高的责任感投入到科研创新工作中去。

第二节 高校科技创新制度体系建设与创新

一、高校科技创新的制度保障体系的内涵及构成

（一）高校科技创新法制保障体系的内涵与构成

法制，这一术语在狭义范畴内专指法律制度，它体现了统治阶级为巩固其统治地位而确立的意志规范。而从更宽泛的角度来看，法制则囊括了所有倡导人们遵守法律、依照规章行事的制度与政策导向。当我们聚焦于高校科技创新的法制框架时，我们实际上是在探讨一个宏观且系统的制度架构，它旨在通过

一系列法律条文、发展规划、政策导向及实施举措，为高校的科技创新活动构筑起坚实的支撑体系。

高校科技创新的法制保障体系，是一个由国家法律法规、战略发展蓝图、具体方针政策以及详细计划措施共同交织而成的多维度网络。这一体系的构建与优化，离不开立法机构的严谨立法、党中央的高瞻远瞩、国务院的统筹协调以及各级地方行政机关的积极落实。这些主体通过制定并推行一系列相关政策与法规，为高校的科技创新活动注入了强大的动力与明确的指引。

在法律法规层面，我国已逐步构建起一套相对完备的科技法律体系。其中，《中华人民共和国宪法》作为国家的根本法，为高校科技创新奠定了坚实的法律基石。而《中华人民共和国科学技术进步法》则作为科技领域的核心法律，为高校的科技建设勾画了清晰的法律轮廓。此外，诸如《中华人民共和国促进科技成果转化法》《中华人民共和国高等教育法》《中华人民共和国商标法》《中华人民共和国专利法》《中华人民共和国著作权法》等一系列与科技紧密相关的法律法规，共同构成了高校科技创新的法律基石，为科研活动的顺利进行提供了有力的法律保障。

在战略发展蓝图方面，我国根据不同时期的发展需求，对科技工作进行了深入的顶层设计与战略谋划。从 20 世纪 90 年代中期起，国家相继提出了“科教兴国战略”“创新体系建设计划”“人才强国战略”等一系列具有深远意义的科技发展规划。这些规划不仅有助于整合创新资源，推动高校基础研究的深入发展，还明确了高校在科技创新中的战略定位与改革路径，为高校的科技创新活动提供了清晰的导航。

在具体方针政策层面，政府出台了一系列旨在激发高校科技创新活力的政策措施。例如，政府通过发布科技创新与产业化发展的指导性文件，对高校科技创新提出了更高的期望与要求，鼓励高校增强科研实力，提升技术创新能力，并积极探索“产学研”深度融合的协同创新模式。同时，《中国科学技术蓝皮书》也从科技创新体制与机制的双重维度，对高校科技创新保障提出了具体而详实的建设要求。此外，党中央还明确提出了建设创新型国家与世界科技强国的宏伟目标，为高校科技创新活动开辟了更为广阔的发展前景。

在详细计划措施层面，教育部等政府部门也采取了一系列切实有效的行动来推动高校科技创新的蓬勃发展。例如，通过启动“卓越工程师教育培养计划”，我国成功培育了一大批能够适应创新发展需求的高素质科研人才与技术领军人物。同时，借助“211 工程”“985 工程”以及“双一流”大学建设工程等重量级项目的实施，我国已打造出一批综合实力雄厚、学科特色鲜明的一流高校，并在学科建设、人才培养以及创新平台建设等方面取得了举世瞩目的成就。这些计划措施不仅为高校科技创新提供了强有力的支撑与保障，还为进一步完善与优化我国高校科技创新制度保障体系提供了宝贵的机遇与契机。

（二）高校科技创新体制保障体系的内涵与构成

“体制”这一概念，广泛指代国家机关、企事业单位等组织的制度性架构，它深刻嵌入了行政机构的设置与管理权限的精细划分之中。从管理学的透镜审视，“体制”与组织形态紧密相连，无论是宏大的国家体制、单位体制、政治体制，还是我们聚焦的科技创新体制，都无一不体现出机构间、部门间的层级结构与职能边界的清晰界定。这些体制框架，是根据不同活动领域的独特目标与需求而精心构建的。

针对高校科技创新体制这一具体范畴，我们可从宽泛与具体两个层面来深入理解。在广义的语境下，它囊括了政府部门、科研机构、企业实体、中介服务等众多与高校科研建设息息相关的组成部分，共同编织成一个庞大而复杂的创新生态网络。而狭义上，则更多地聚焦于高校内部，强调资源的共享与创新的协同，致力于打造一个开放包容、高效协同的科研环境。

在我国，国家层面的科技体制犹如一座灯塔，通过制定长远的发展蓝图、科技创新的宏伟计划以及体制改革的深邃思考，为高校科技创新提供了坚实的制度支撑与明确的改革航向。这些政策不仅塑造了良好的体制生态，还通过国家科技创新的宏观规划、科技管理的精细布局以及创新平台的精心打造，为高校科技创新铺设了一条清晰的路径。

深入高校内部，科研管理体制则展现出更为细腻的面貌。它聚焦于科研管理的组织架构与行政权力的合理配置，以及由此衍生出的层级关系与约束机制。在我国高校中，科研管理体制纵向上呈现出“校长—分管副校长—科研院/科技处—学院—系所”的层级脉络，实行校长领导下的负责制，确保了科研管理活动的有序开展。而各学院与学科则依据学校的总体战略与科研院的统筹安排，结合自身特色与实际，自主灵活地开展科研活动，并通过“申请—审核”机制向上级争取项目立项、资金支持、人力资源、技术援助及物资保障等关键资源。

在横向维度上，高校科技创新体制则强调不同层级、不同类型高校之间，以及高校内部各科研管理部门之间的相互借鉴与紧密合作。通过深化校际间的交流互动，共同助推区域科技创新能力的跃升，为高校科技创新活动注入源源不断的活力与灵感。

（三）高校科技创新机制保障体系的内涵与构成

“机制”在组织管理的广阔舞台上，扮演着组织内部各组成部分相互作用、协同运转的关键角色，它深刻揭示了各部门依据特定规律互动合作的内在逻辑。在高校科技创新的广阔天地里，机制保障体系的重要性愈发凸显，它精心构建了承担科技创新重任的组织机构与部门间的工作机制及紧密互动的网络。这一体系的核心使命，在于确保高校科研职能部门能够精准对接并高效执行政府的宏观科技政策，同时，积极促进高校与企业、市场的深度交融，实现产学研的无缝对接与有机融合。如此，高校科技创新的各个环节便能形成井然有序、协同高效的运作链条，为科技创新活动的最优化实施奠定坚实基础。

具体而言，高校科技创新的机制保障体系可细分为多个维度：首先是产学研协同创新机制，它着力打造高校、企业、市场与政府之间的紧密纽带与互动平台，通过高校联盟、校企联合、政府－企业－高校三方合作等多种模式，推动知识流动、资源配置与信息交流的全面升级，为科技创新成果的有效转化与生产力的飞跃提供强大动力。其次是高校科研运作机制，它聚焦于科研管理的精细化与高效化，通过优化行政架构、理顺部门关系、完善政策体系，确保科研活动从规划到实施、从评价到转化的每一个环节都能顺畅进行。再者是高校创新人才管理机制，它着眼于科研团队的建设与提升，通过科学的人力资源配置、公正的考评体系、有效的激励机制与畅通的晋升通道，吸引并培育一批批高素质的科研人才，为科技创新的持续突破提供坚实的人才支撑。此外，高校学术交流与合作机制致力于构建开放包容的学术生态，通过国内外高校间的深度交流与合作，促进学术资源的共享与思维火花的碰撞。最后，高校创新文化建设机制则强调以文化为引领，通过营造鼓励创新、崇尚真理的校园文化氛围，激发师生的创新潜能与创造活力，为高校科技创新注入源源不断的精神动力与文化滋养。

二、我国高校科技创新制度保障体系创新与完善

（一）运用系统哲学方法指导高校科技创新制度保障体系建设

我国高校科技创新制度保障体系的构建，无疑是一项庞大而复杂的系统工

程，它迫切需要我们运用系统哲学的深邃思维与科学方法，来全面指导并推进这一进程。系统哲学深刻揭示，物质世界是普遍联系、永恒变化且持续发展的，每一个系统都是由众多相互关联、相互作用的子系统所构成的有机整体。高校科技创新体系，作为国家科技创新体系中的核心环节，与政府、企业、科研院所等众多外部机构紧密相连，它们共同编织了一个旨在创造、储存、传递知识、技能与新产品的复杂而精密的网络系统。

从高校内部结构的微观视角来看，科技创新体系与行政、财务、人力资源、教学管理等多个子系统之间存在着千丝万缕的联系，它们相互交织、相互影响，共同驱动着高校科技创新的蓬勃发展。因此，在着手构建高校科技创新制度保障体系的过程中，我们必须将其置于国家科技创新体系建设和高校“双一流”建设战略这一更为宏大的系统框架中进行全面考量。这就要求我们既要加强顶层设计的战略引领，又要注重统筹规划的科学性，确保整个制度保障体系的建设具备高度的系统性、整体性和协调性。我们要从全局的高度出发，深化改革创新，优化整合各类资源，以实现整体功能的最大化。

在构建过程中，我们首先要确保制度保障体系具备鲜明的整体性和明确的目标性。整体性意味着我们在构建制度时，必须充分考虑各子系统之间的相互关系和作用，确保整个系统的功能能够超越各部分之和。我们要紧密围绕国家科技发展战略的宏伟目标，如稳步迈向创新型国家行列、2030 年跻身创新型国家前列以及 2050 年建成世界科技创新强国等，全面深化高校科技创新体制的改革与创新。同时，我们要勇于突破传统思维方式的束缚，打破高校科技管理中长期存在的条块分割、各自为政的困局。从高校在国家科技创新体系中所承担的整体任务出发，精心构建科技创新制度保障体系，实现创新资源的统筹配置，促进知识创新、技术创新、知识传播和知识应用等各个系统的全面协调发展，以及高校科技创新、行政、财务、人力资源、教学管理等多个系统的协同共进。

其次，制度保障体系的建设还应高度重视系统性和协同性。系统哲学的自组织涌现律深刻揭示，任何系统都经历着从无序到有序、从低级到高级的演化过程，我国高校科技创新体制的发展正是这一规律的生动体现。在宏观层面，国家层面的科技创新法制规定和体制框架构成了宏观自组织过程的重要支撑，通过法律制度、方针政策和规划等方面的改革创新来推动整个系统的持续发展；而在微观层面，高校科技创新内部各部门的设置和机构之间的运行机制则属于微观自组织过程，各单位、团体和人员按照自组织的效率原则高效开展工作。同时，系统哲学的协同理论也指出，竞争和差异是促使系统产生协同作用的重要动力。因此，在高校科技创新的实践中，我们要积极加强与政府、企业及科研机构的协同合作，以系统整体的优化为目标，通过市场经济的灵活调节与政府的合理调控、法制与民主的严格约束以及科学的管理体制和运行机制来化解差异、寻求协同发展。

最后，高校科技创新制度保障体系的建设还应具备严谨的计划性和高效的组织性。我们要在我国科技发展中长期规划目标的指引下，进行系统的整体规划、协同组织工作。通过制定并适时调整科技计划体系，确保高校科技创新能够紧密契合我国经济与社会发展的新形势和新需求。同时，我们还要充分发挥法制、体制和机制的协同作用，为高校科技创新提供源源不断的动力支持。在组织层面，我们要勇于打破封闭性的旧有系统，建立开放性的耗散结构，加强部门间的功能性分工与合作，使经济、社会、政治、人员、环境等各要素构成辩证统一的有机整体。从法制、体制和机制三个层面共同发力，构建起完善的高校科技创新制度保障体系。我们要用法制来规范体制的运行，用体制来保证制度的落实，以法治思维深化机制的改革与创新，从而使整个制度体系发挥出更加卓越的组织功能，有力推动高校科技创新事业的蓬勃发展。

（二）改革和完善我国高校科技创新体制保障体系

1. 高校科技创新体制保障的需求

在全球化竞争日益激烈的背景下，我国科技创新体制的改革显得尤为重要，这不仅关乎国家整体竞争力的提升，也直接影响到高校在科技创新领域的表现。因此，通过国家层面的科技体制改革来带动高校的科技创新体制建设，已成为当前的重要任务。

首先，为了全面提升我国的科技创新实力，高校科技创新的首要任务是深化科技创新体制的全方位改革。在科技计划的管理层面，亟须从根本上扭转当前多头管理、秩序混乱的现状。国家应立足全局视角，对各类科技计划与发展蓝图进行系统性整合与优化，构建一套条理清晰、运行有序的科技计划架构。这涉及将散落于不同计划与管理条例中的创新举措与提议进行深度整合，形成具有高度统一性与连贯性的创新政策体系，从而简化管理流程，使各项计划定位精准、执行高效。同时，要对创新资源的整体布局进行科学合理调整，明晰管理部门与执行机构的权责边界，精简机构设置，强化部门间的协同合作，以破除体制性障碍。在资源配置上，应建立绩效为导向的分配机制，确保创新人才、资金与各项资源能够紧密围绕发展目标高效配置，提升资源使用效益。政府则需逐步淡出直接行政干预，转而强化其引导与扶持作用，为高校体制改革铺设良好环境，使科研活动与人才培养成为高校创新发展的核心驱动力。

高校作为科技创新体系的关键一环，其体制改革需与国家整体改革步伐保持高度一致。对外，高校应积极完善顶层规划，构建健全的高校科技创新体系，深化与外部科研机构及企业的合作与交流；对内，则需加强学科建设，提升科研实力，突破现有行政体制的束缚，探索适应高水平院校特色的科研管理机制。通过不断革新科研组织形式、评估体系、管理制度及专利转化机制等核心环节，逐步构建起一套完备的高校科技创新体制。

其次，高校科研管理体制的深化改革同样至关重要。这要求高校从宏观层面出发，理顺各方关系，扩大自主权，打破束缚，构建能够充分激发科技创新活力的管理模式。具体改革举措涵盖：在培养目标上，强化科学研究，打破学科壁垒；在组织管理上，打破行政框架与条块分割，建立开放、互动、协同的新型管理体制；在资源管理上，加强对各类资源的整合与优化配置；在行政体制上，完善科研管理体系，明确工作机制；在服务体系上，建立健全涵盖项目管理、人事管理、服务支持及中介资源等多维度的服务体系。通过这些改革举措的落地实施，确保高校科技创新的每一环节都有明确的责任部门与专职人员负责，实现科研管理的精细化与高效化运作。

最后，还需深化高校科研与教学体制的融合改革，并加速“去行政化”进程。高校应以原始创新能力建设为核心，以人才培养为根本，以学科建设为基础，以科研任务为驱动，全面完善科教体制。在具体实践中，应注重培育创新型人才，特别是鼓励高水平研究生积极参与科学研究与创新实践；充分发挥综合性大学的学科交叉优势与综合人才优势；提升研究教学型高校中学术权力的比重，削弱行政权力对科研管理的干预。通过这些举措的推进，促进高校科研与教学工作的深度融合与创新发展，为我国的科技创新事业注入源源不断的活力与动力。

2. 高校科技创新体制保障体系新构架

（1）构建与国家科技创新体制改革相匹配的高校科技创新体制

为了紧密跟随国家科技创新体制改革的步伐，高校科技创新体制亟须进行深度调整与全面优化。首要任务是强化国家创新计划体系的改革力度，通过高瞻远瞩的顶层设计，对现有纷繁复杂的科技计划进行科学合理的分类与整合。这一过程中，应着重聚焦于创新的核心目标，严格遵循科技发展的内在规律，并致力于提升创新管理的整体效率。具体实践中，需严格对照党中央、国务院颁布的《关于深化中央财政科技计划（专项、基金等）管理改革方案》的相关要求，对分散于各个部门、机构的科技计划进行系统的梳理与归类，果断废除那些已经过时或严重不适应当前科技发展现状的计划和相关条例。通过这一系列举措，确保科技计划体系更加符合科学发展的要求，更加贴近实际创新需求。

在此基础上，应着手建立国家层面的科技创新管理平台，该平台应以创新目标为引领，以科研成果和绩效考核为核心导向，对全国范围内的创新资源进行全面的布局与优化配置。这一平台的建立，将有助于促进各类创新活动的有序开展，确保各项创新计划能够按照既定的目标和节奏稳步推进，避免资源浪费和重复建设。

在科研管理体制层面，高校需积极响应国家科技创新体制改革的要求，对内部科研管理部门的架构和职能进行深入的梳理与调整。要坚决打破条块分割的弊端，加强部门间的功能分工与有机整合，通过精简机构、明确权责等措施，有效提升科研管理的效率和水平。同时，还应着力改进科研项目管理流程，设立专业的科研管理机构来负责科技项目的组织、评估和审核工作，从而进一步简化项目申报和审批流程，提高科研管理的透明度和公正性。

地方政府在科技创新管理中也应明确自身的角色定位，既要避免过度干预导致“越位”，也要防止因不作为而“缺位”。政府应充分发挥宏观调控的职能，通过制定优惠政策、优化创新环境、提供优质服务等方式，引导和支持高校的创新建设。同时，政府还应聚焦于重点领域和关键问题，为高校科技创新提供方向性指导和支持。此外，政府还应逐步弱化直接的行政管理职能，将更多权力下放给高校和市场，通过激励性制度激发高校的自主创新能力，推动高校科技创新事业的蓬勃发展。

（2）构建与协同创新相适应的高校科技创新体制

为了有效推动协同创新，高校需积极探索并构建基于产业协同基础的高校科技创新协同体制。这一体制应充分吸纳政府、企业、科技机构和中介组织等多方力量，通过市场机制进行协调整合，共同营造有利于高校科技创新的体制环境。政府应发挥主导作用，加强资源整合力度，推动产学研各方共同构建战略合作联盟，强化高校与企业等创新主体之间的战略合作与互动，实现优势互补和资源共享的双赢局面。

在此基础上，应积极探索建立校企联合创新体制，通过创新特区、科技孵化园和创业园等多种形式，搭建起高校科研人员与企业之间的交流与合作平台。这一平台应致力于促进科研成果的有效转化和产业化应用，推动高校科研团队与企业创新部门之间的紧密合作与协同创新。同时，高校与企业的创新团队可在具体技术需求的驱动下，共同组建研究小组，针对行业共性问题和关键技术难题进行专项突破和联合攻关，实现双方互利共赢和共同发展。

（3）构建协调有序的高校科技创新管理体制

为了进一步提升高校科技创新管理的效率和效果，需从顶层设计入手，加强高校科技创新计划的规划与制定工作。高校应紧密结合国家科技创新计划体系的要求和自身实际情况，制订出具有前瞻性和可操作性的科技创新计划。在这一过程中，应充分组织高校管理人员和行业专家对国家科技发展规划和体制改革意见进行深入研究和分析，提出符合高校特点的基础研究和创新计划制度设计以及长远发展规划。

在推动高校科技创新体制改革方面，应重点关注科研计划管理、经费管理和科研评价体制等关键环节的改革与创新。高校应积极响应国家关于科技计划改革的号召和要求，推动科技计划的分类管理和细化实施，并制定出完善的总体方案来优化科技计划的分层实施体系。同时，还应深化评聘、考核制度的改革与创新，完善科研评价体制和机制建设，建立以科研绩效为导向的评价体系，并健全科研分配体制和创新激励体制。通过体制和制度的双重保障来确保科研人员的科研收益得到切实落实，并加强对科研经费使用的监督和管理力度。

为了建立完善的高校科研管理体制，还需对现行的条块分割科研管理体制进行彻底的改革与创新。应通过设立扁平化的管理体制来打破科研项目申报、审核、管理、监督等环节的管理层级和壁垒，减少重叠机构和职能交叉现象的发生。同时设立专门的科技创新委员会来统一负责科技项目和创新活动的规划、组织、管理和监督工作，实现科研资源的优化配置和高效利用。此外，还应加强高校科研管理“去行政化”的改革力度，扩大学术权力的比例和影响力，给科研人员和学术权力更多的话语权和决策权。并通过设立民主管理机构、监督机构和检查审计部门等方式来加强对高校行政权力的监督和约束力度，从源头上预防和遏制学术和科研管理领域的腐败现象的发生。

第三节　高校科技成果转化与协同创新

一、高校科技成果转化的模式

（一）高校直接转化

1. “四技服务”模式

（1）技术开发

技术开发是高校与企业之间的一种深度合作形式，旨在将高校在科研活动中积累的知识和技术转化为企业实际的产品或工艺改进。这一过程始于高校与企业签署技术开发合同，终止于开发成果满足合同要求。技术开发合同不仅是双方合作的法律基础，也是明确双方责任、义务和权益的重要依据。由于研发活动的复杂性和不确定性，技术开发过程中存在一定的风险，因此，在签署合同前，双方必须进行充分的沟通与协商，确保合同条款清晰、明确，涵盖所有可能的风险和应对措施。

在技术开发过程中，高校负责提供技术支持和研发力量，而企业则提供市场需求、应用场景和资源支持。双方需共同投入资源，协同工作，确保开发成果符合市场需求和企业战略。同时，高校和企业还需密切关注技术发展趋势和市场变化，及时调整研发方向和策略，确保开发成果的前瞻性和竞争力。

（2）技术转让

技术转让是高校将科研成果转化为现实生产力的重要途径。通过技术转让，高校可以将自己研发的专利技术、非专利技术等成果转让给企业，使企业能够合法合规地使用这些技术，提升自身生产技术水平。技术转让的具体方式包括技术所有权转让和技术实施许可两种形式。

在技术实施许可方面，高校需根据技术特点和企业需求选择合适的许可方式。独占实施许可、排他实施许可和普通实施许可是常见的许可方式。高校在选择许可方式时，需综合考虑收益、风险和实施情况等因素。此外，高校还需明确许可的实施期限、实施区域、实施范围以及回授条款等关键条款，以保障自身权益并促进技术的持续创新。

（3）技术服务

技术服务是高校利用自身技术和人才优势，为企业、政府和社会机构等委托方解决特定技术问题的一种服务形式。技术服务的内容广泛，包括但不限于非常规性的计算、设计、测量、分析、安装、调试以及工艺流程改进和技术诊断等。与技术咨询相比，技术服务更侧重于实际操作和问题解决，通常会明确约定服务成果的形式和具体要求。

技术服务是高校教师知识应用于实践、产生现实生产力的重要途径。通过技术服务，高校教师可以将自己的专业知识和技术经验转化为实际成果，为企业和社会创造价值。同时，技术服务也是高校与企业、政府等社会各界建立紧密联系的重要桥梁，有助于推动产学研合作和科技成果转化。

除了以上三种，还可进行技术咨询。总的来说，“四技服务”模式在促进高校与企业合作、推动科技成果转化方面发挥着重要作用。然而，该模式也存在一定的局限性，如高校科研人员难以真正进入企业、对后续技术持续创新存在挑战等。因此，在推进“四技服务”模式时，需要充分考虑这些局限性并探索相应的解决方案，以实现高校与企业的共赢发展。

2. 高校衍生企业类型

（1）高校发起型

高校产业作为高校科技成果转化的重要途径，通常通过高校资产经营公司的出资成立。这类企业不仅通过提供技术服务来发挥高校的社会服务功能，还能为学校带来可观的经济回报。此外，一些平台型校办产业还为学校师生提供了直接参与社会服务和教学实践的机会，从而有效促进了学科与产业的互动，推动了学科建设和人才培养的进程。

然而，在我国高校的发展历程中，由于法律体系尚不完善、社会诚信体系有待加强、高校运行经费与科研经费紧张等多重因素的影响，高校创办企业成为科技成果转化的重要形式。这种模式在推动科技成果转化和产学研合作方面发挥了不可替代的作用。

尽管如此，高校直接创办产业也面临一些问题。其中，较为突出的是校办产业与学校之间的界限模糊、产权不清晰以及事企不分等问题。高校行政体制对企业正常经营活动的过多干预，以及高校富余人员分流进入企业导致的经营负担增大和运行效率低下，都是亟待解决的问题。

（2）师生发起型

师生发起型衍生企业作为一种新兴的创业模式，具有诸多优点。这类新创企业通常具有较强的研发能力，能够轻松获得高校的人力、设备等资源和技术方面的持续支持。研发人员对于技术和市场发展拥有更大的控制权，这有助于确保企业的创新方向与市场需求的紧密对接。一旦企业运行成功，将为研发人员带来极大的激励作用。

对于高校师生而言，尤其是在校学生，无论创业成功与否，这段经历本身都是一笔宝贵的财富。它不仅能够提升学生的实践能力、创新能力和团队协作能力，还能够为他们未来的职业生涯奠定坚实的基础。同时，对于地方政府而言，衍生企业能够创造新的就业机会，具备实现爆发式增长的潜力，因此备受青睐。为了支持这种创业模式，各地政府纷纷出台了一系列优惠政策，如支持教师离岗创业、实施条件优越的“创新创业”资助项目、建立高校师生创新创业基地等，以吸引高校师生带着科技成果到当地进行产业化。

然而，师生发起型衍生企业也存在一定的局限性。首先，企业创业风险较大，在初创期很难获得银行和风险资本的支持。这可能导致企业面临资金链断裂的风险，进而影响其持续发展。其次，在企业未壮大时，对员工的激励作用也较为有限，可能难以吸引和留住优秀人才。最后，对于大学生创业企业而言，学生的生活阅历、企业管理技能和社会资本都相对欠缺，从相对单纯的校园环境直接走向复杂的商业市场势必面临更大的挑战和风险。

对于高校科研人员而言，虽然他们拥有丰富的专业知识和科研经验，但科研活动和商业活动之间存在巨大差别。科研人员通常更擅长严谨的逻辑思维和学术研究，而商业活动则需要发散性思维和敏锐的市场洞察力。因此，大多数科研人员并不擅长直接进行科技成果转化和企业管理。此外，高校是其科研教学工作的主战场，即使可以选择离岗创业，许多科研人员也不愿意放弃得心应手的教学与科研工作，长时间离开高校从事自己不擅长的企业经营与管理。

需要注意的是，高校师生创新创业所使用的科技成果多为职务发明成果。在成立衍生企业时，必须妥善处理知识产权归属问题，以确保各方的合法权益得到充分保障。这不仅可以避免潜在的法律纠纷，还能够激发高校师生的创新积极性和创业热情，为高校科技成果转化和产学研合作创造更加良好的环境。

（二）协同创新促进科技成果转化

1. 平台集成促进科技成果转化

这种模式通过构建科技成果转化服务平台，将高校、中介机构、企业等科技成果转化主体紧密联系在一起，形成了一个高效的信息共享和互动机制，极大地促进了科技成果的对接与转化。这些平台主要分为两种类型：实体机构平台和虚拟网络信息平台。

（1）实体机构平台

实体机构平台是科技成果转化的重要载体，主要包括高校技术转移中心、产学研合作办公室等。这些机构拥有高校教师和科技成果等核心资源，通过与地方政府、企业、金融资本等主体的紧密合作，共同推动科技成果转化。实体机构平台通常采用共建技术转移分中心、工作站等形式，在高校外部设立分支机构，进一步拓宽了科技成果转化的渠道。这些分支机构不仅为高校科技成果提供了更广阔的展示舞台，也为地方政府、企业等主体提供了更便捷的技术获取途径，从而促进了科技成果的有效对接和转化。

（2）虚拟网络信息平台

虚拟网络信息平台则是利用现代信息技术手段，搭建的一个线上科技成果转化服务平台。这些平台通常由政府或高校主导建设，如各地技术交易市场、生产力促进中心等网站平台。近年来，越来越多的高校开始自建或参与建设这样的虚拟平台，如上海体育大学科技园构建的“体科网”、同济大学构建的“环同济在线”、浙江大学知识产权与技术转移服务平台等。这些平台通过集成科技成果信息、发布技术需求、提供在线对接服务等功能，极大地提高了科技成果转化的效率和便捷性。同时，许多虚拟平台还通过信息通信技术实现了原先依靠实体机构才能完成的职能，为产学研合作成果的落地提供了实体场地等各类支撑。

随着平台自身业务和信息通信技术的不断发展，实体机构平台与虚拟网络信息平台之间的界限正逐渐模糊，呈现出虚实结合的特点。许多技术转移实体机构开始利用最新信息通信技术建立自身的平台网站或公众号，实现线上线下的联动。对于高校科技成果转化交易活动而言，尽管线上平台在展示、技术供需初步对接等方面发挥了重要作用，但实际的对接和转化交易过程仍需依靠专业服务人员提供更深入的线下对接服务。这种线上线下相结合的方式，不仅提高了科技成果转化的效率和质量，也为高校、中介机构、企业等主体之间的紧密合作提供了有力支持。

2. 高校－企业合作

（1）校企联合成立研发机构

校企联合成立研发机构是一种深层次的合作模式，旨在通过高校与企业的强强联合，推动科技创新和技术进步。这种模式通常涉及高校与有实力的企业共同建立创新研究中心、联合实验室等联合研发机构。这些研发机构可以根据学校和企业的实际情况，灵活选择设立在高校校园内或企业内部，以便于双方资源的有效整合和利用。

在联合研发机构中，高校和企业双方聚焦长远发展目标，共同投入资源，针对复杂尖端技术进行长期而深入的研究与开发。这种合作模式使企业能够依托新技术持续开发出具有竞争力的新产品，或增加技术储备，从而在行业中保持技术领先和竞争优势。同时，高校也能通过这种方式获得持续的科研资助，促进科技成果的快速转化和应用。

校企联合研发机构的优点在于其紧密的合作关系。双方能够针对市场需求、企业生产经营以及科研活动中遇到的实际问题进行订制化的研发工作。这不仅使企业能够获得高质量的科技成果，提升其市场竞争力，同时也为高校教师提供了持续的科研支持，缩短了科技成果转化周期，提高了转化成功率。然而，该模式对企业实力和能力要求较高，需要企业具备一定的资金实力、技术积累和市场洞察力。

（2）校企联合成立创新型企业

除了联合研发机构，校企还可以共同成立创新型企业，实现科技成果的产业化。在这种模式下，高校以其拥有的科技成果知识产权作为无形资产，与相关的仪器设备等有形资产一起投资入股，与企业共同成立新的创新型企业。高校的相关科研团队和企业研发人员将一同进入这家新企业，专注于科技成果的产业化进程。

随着国家和地方科技成果转化新政的推出，特别是关于科技成果以无形资产投资入股的政策日益明确，高校科研人员的创新创业热情得到了极大地激发。越来越多的高校科技成果正通过这种校企联合成立创新型企业的模式实现转化，为经济社会发展注入了新的活力。

这种模式的优点在于能够充分发挥高校科研团队的技术优势，确保后续研发活动的延续性。同时，企业能够为新成立的创新型企业提供资本和市场支持，助力科技成果的商业化进程。然而，与衍生企业类似，该模式也面临着高校科研人员离岗创业难和离岗创业意愿不高的问题。这要求高校和企业在合作过程中充分考虑科研人员的实际需求和发展前景，为他们提供更多的政策支持和激励措施，以促进科技成果的有效转化和产业化。

3. 高校–高校合作

高校因各自学科特点不同，其科技成果转化能力和资源相对有限，面对复杂多样的技术需求时，单所高校往往难以独自应对。因此，建立高校之间的长期战略合作伙伴关系，成立高校联盟，可以有效实现资源和信息的共享，为地方和企业提供更加多样化的科技成果转化服务。由于高校科技成果转化服务在目标上基本一致，且服务功能与模式具有较高的同质性，因此彼此间不存在激烈的竞争关系，这大大降低了高校联盟治理结构的复杂性和治理成本。然而，为了确保联盟的高效运作，仍需建立完善的协调机制。联盟可以通过设立专门的协调机构，如秘书处，来负责活动的策划、管理与协调。同时，制定联盟成员共同遵循的标准和规章流程，提高联盟的标准化程度，降低协调难度，从而更好地促进科技成果转化。

4. 高校–科研机构合作

高校与科研机构在科学研究、人才培养以及社会服务等方面均扮演着重要角色，并各自有着独特的侧重点和优势，这为双方的合作与互补提供了广阔的空间。在科学研究领域，科研机构作为科研活动的“国家队”，依托国家长期稳定的支持和深厚的科研积累，在基础研究与高技术创新研究方面展现出显著优势，尤其在特定领域的工程技术能力和重大战略任务的集成创新能力上尤为突出。而高校则以其思想活跃、开放包容的环境著称，更侧重于自由探索和跨学科研究，近年来随着科研经费的大幅增加，科研条件显著改善，其逐渐成为科技创新的重要力量。

在人才培养方面，高校将人才培养视为首要任务，每年为社会输送大量本科生和研究生，为自主创新活动奠定了坚实的人力资源基础。相比之下，科研机构虽然研究生培养规模较小，但所培养的学生以博士研究生为主，科研能力较强。此外，高校注重知识的全面性和系统性传授，而科研机构的教育则更紧密地与技术研发等活动相结合，这就形成了各具特色的教育模式。

在科技成果转化方面，高校和科研机构也呈现出不同的特点。高校教师拥有丰富的研究生资源，能够灵活开展与企业的多样化合作，但合作形式较为分散，难以发挥院系和学校的整体实力。而科研机构由于接受政府稳定的财政支持，青年科研人员资源相对匮乏，更倾向于从事纵向科研活动，合作形式较为单一，对中小企业而言合作门槛较高。此外，部分应用型科研机构在改制过程中转变为行业企业，导致服务地方经济的应用技术、共性技术和二次开发等环节出现缺失。

高校和科研机构在科学研究和人才培养上虽有相似之处，但在具体侧重点上存在差异，这为双方的合作与互补提供了契机。通过加强交流与合作，双方可以充分发挥各自的优势，共同推动科技创新和人才培养事业的发展。

二、高校协同创新平台构建与运行

（一）高校协同创新平台的功能主体

1. 高校

高校作为高等教育和科研的重要阵地，其使命深远且多维，主要涵盖人才培养、科学研究、社会服务以及文化传承四大核心领域。根据《国家中长期科学和技术发展规划纲要（2006—2020 年）》的阐述，高校在我国国家创新体系中扮演着举足轻重的角色，具体体现在以下几个方面：

首先，高校是我国培养高层次创新人才的重要基地。相较于其他科研机构，高校在博士研究生和硕士研究生等高层次人才培养方面拥有显著优势。通过系统的学术训练、科研实践以及跨学科的教育模式，高校为国家的科技进步和社会发展输送了大量具有创新精神和实践能力的高端人才。

其次，高校是基础研究和高技术领域原始创新的主力军之一。近年来，随着国家对高等教育投入的大幅增加，高等院校，尤其是重点院校的科研经费得到了显著提升，科研条件也得到了极大改善。这使得高校在基础研究和高技术领域取得了显著成果，成为推动原始创新的重要力量。高校通过组织高水平的科研团队，聚焦国家重大科技需求和国际科技前沿，开展了一系列具有深远影响的科研项目，为我国科技实力的提升做出了重要贡献。

最后，高校是实现科技成果转化的生力军。尽管在科技成果转化方面，高校面临着一些挑战和限制，但自改革开放以来，随着国家和地方一系列法律法规的颁布实施，高校科技成果转化工作已经取得了显著进展。高校积极与企业、科研机构等开展合作，推动科技成果向现实生产力转化，为经济社会发展注入了新的活力。然而，要进一步提升高校科技成果转化的效率和效果，还需要继续深化科技体制改革，完善相关政策措施，加强产学研合作等。

2. 科研机构

科研机构作为国家科技创新体系的重要组成部分，其职能定位和发展方向一直备受关注。自《中共中央关于科学技术体制改革的决定》颁布以来，我国科技体制经历了全面而深刻的改革，科研机构的职能定位也随之发生了显著变化。

首先，科研院所是我国科技创新的中坚力量。长期以来，国家通过大量投资支持科研院所的发展，使其积累了一批先进的科研仪器设备和一支高水平的科研人才队伍。这些科研院所，尤其是以中国科学院为代表的研究机构，在基础研究、前沿技术研究和社会公益研究等领域发挥着不可替代的作用。它们聚焦国家重大战略需求和国际科技前沿，开展了一系列具有开创性和引领性的科研工作，为我国科技创新能力的提升和国际科技地位的巩固做出了重要贡献。

其次，科研院所还承担着高层次人才培养的重要任务。虽然科研院所几乎不承担本科生培养任务，但它们通过研究生院等机构培养了大量高水平的科研人才。这些人才不仅具备扎实的理论基础和科研能力，还能够在实践中不断探索和创新，为我国科技创新事业的发展提供了有力的人才保障。

最后，科研机构在服务地方经济社会发展中也扮演着非常重要的角色。它们通过与企业、高校等开展产学研合作，推动科技成果转化和产业升级，为地方经济社会发展注入了新的动力和活力。同时，科研机构还积极参与社会公益服务等领域的工作，为提升社会福祉和推动可持续发展做出了积极贡献。

3. 企业

在企业这一市场主体的参与下，高校协同创新平台得以更加高效地实现其核心价值。企业的核心作用在于将科技创新成果转化为实际生产力，从而释放其商业价值。随着我国创新驱动发展战略的深入实施，企业的自主创新能力得到了显著提升。在高校协同创新平台中，企业凭借其先进的生产设备、充足的创新资金以及强大的营销和管理能力，能够迅速且敏锐地将科技成果转化为现实生产力，为平台的创新产出提供市场化的应用途径。

4. 政府及中介机构、金融组织等其他参与方

在高校协同创新平台的构建与运营中，政府、中介机构和金融组织等扮演着不可或缺的角色，它们共同为平台的顺畅运行提供了有力的支持与保障。

政府为高校协同创新平台的发展营造了全方位的支持环境，不仅制定了一系列激励政策，还积极构建起中介服务体系与信用担保机制，以强化平台内外的沟通桥梁与协调纽带。同时，政府致力于打造信息网络，为平台各方提供全面、精准、高效的信息资源与服务支撑。在政策支持方面，政府通过税收减免、设立专项基金等优惠措施，为平台注入强劲动力，并积极引导风险投资等社会资本参与其中，共同助力协同创新平台的发展壮大。

中介机构作为高校协同创新平台不可或缺的桥梁，通过构建信息交流平台、协调各方利益、搭建项目风险投资桥梁等多种方式，有效促进了知识技术的传播、转化与应用。尽管当前这些中介机构多由政府与高校共同筹建，其功能与政策体系仍有待进一步完善，但随着政产学研用协同创新平台的持续深化发展，中介机构将逐渐走向成熟，为平台提供更加专业化、高效化的服务。

在金融支持方面，金融组织成了解决高校协同创新平台融资渠道问题的关键力量。它们通过提供多元化的融资方式，如商业银行贷款、风险投资资本以及创业板市场融资等，为平台注入了充足的资金血液。这不仅显著降低了平台的融资成本，还极大促进了平台内部资源的优化配置与高效利用，为高校协同创新平台的蓬勃发展奠定了坚实的资金基础。

（二）高校协同创新平台运行机制

1. 高校协同创新平台的动力机制

（1）政策策动：政府引领下的协同创新新动力

市场机制在资源配置中发挥着举足轻重的作用，它推动着创新与合作的不断深入。然而，创新活动因其独特的非完全商品属性，时常会遭遇市场失灵的困境。此时，政府的政治意愿便如同一股强大的推动力，为区域经济科技合作的深化发展注入了新的活力与方向。协同创新，正是政府这一高级政策选择的集中体现，它承载着政府对科技创新与人才培养的殷切期望与深远规划。

从协同创新的宏伟蓝图来看，政府致力于通过打造协同创新中心等高端平

台，来加速高校体制机制的革新步伐，推动传统创新方式的转型升级。这一过程中，政府期望能够汇聚并培育一批具有国际视野、创新能力出众的拔尖人才，同时产出具有重大影响力的标志性科研成果。这些成果将充分发挥高等教育作为科技第一生产力和人才第一资源交汇点的独特优势，为国家的创新发展提供源源不断的动力与支持。

在具体实践中，政府紧密围绕国家重大需求，以体制机制改革为突破口，以协同创新中心建设为重要载体，以创新资源和要素的有效整合为保障，全力推动高校科技创新模式和科研组织形式的深刻变革。通过这一系列有力举措，政府旨在全面提升高校在人才、学科、科研等方面的综合创新能力，促进高校之间、科研院所、行业企业、地方政府以及国外科研机构之间的深度合作与交流，共同构建协同创新的新生态。

政府作为协同创新的重要策动力，通过精心制定协同创新规划、实施一系列促进协同创新的行动计划等多元化的政策工具，直接引领并推动着高校协同创新平台的建设与发展。这些政策不仅为协同创新指明了清晰的方向和路径，更为其提供了必要的资源保障和有力支持，能够确保协同创新活动顺利推进并取得实效。

（2）市场拉动：创新驱动下的企业新需求与合作新意愿

创新，其本质是一种追求垄断利润、引领市场潮流的商业活动。而协同创新，作为创新的高级形态，更有可能孕育出具有颠覆性、引领性的科技成果，为企业带来前所未有的竞争优势和广阔的市场前景。面对如此巨大的市场潜力，无论是企业还是高校科研人员，都展现出了前所未有的合作热情与迫切愿望，期望通过优势互补、资源共享，实现共赢发展的美好愿景。

然而，随着科技创新活动的日益复杂和不确定性因素的增多，企业在国家技术创新体系中的角色虽然愈发重要，但也面临着前所未有的挑战。在全球化的大背景下，创新资源流动加速，单个企业难以仅凭自身力量整合所有所需资源，独立完成创新的全过程。因此，企业愈发意识到依托协同创新平台、与高校及科研机构等创新主体建立紧密合作关系的重要性。

这种合作关系的建立，不仅能够帮助企业有效降低创新风险、提高创新效率，还能够加速技术创新成果的转化与应用，为企业带来实实在在的经济效益和社会效益。因此，市场需求的拉动已成为推动协同创新不断向前发展的重要力量之一。在这一力量的驱动下，企业与高校、科研机构之间的合作将更加紧密，协同创新的前景也将更加广阔。

（3）技术推动：技术创新引领的协同发展

技术和市场作为创新活动的两个重要端点，共同推动着科技创新的不断进步。随着知识和技术的持续积累，即使在没有明确市场需求的情况下，新技术也有可能自发地催生新产品甚至新产业，进而激发出新的市场需求。这种由技术推动的创新活动，往往源于创新主体内部的技术积累或共性技术需求。

在协同创新的过程中，创新主体往往围绕新技术或共性技术需求展开合作，通过合理配置创新力量和资源，共同推进技术创新的全过程。这种以技术为驱动的合作模式，不仅有助于加快新技术的研发和应用进程，还能够促进不同创新主体之间的知识共享和技术交流，进而推动整个创新生态系统的协同发展。

随着技术的不断进步和创新的不断深化，协同创新活动将更加注重技术的前沿性和引领性，致力于在关键领域和核心技术上取得突破。这将为国家的科技创新和产业升级提供强大的动力和支持，推动经济社会的高质量发展。

2. 高校协同创新平台的保障机制

（1）组织保障机制

组织体系的构建是协同创新平台稳固发展的基石，它为平台的高效运作提供了不可或缺的支撑。在这个汇聚了高校、科研院所、企业、政府及众多中介机构等多方力量的协同创新平台中，构建一个既高效又协调的组织体系显得尤为关键。

为确保平台的顺畅运转，我们需精心设立一系列管理机构、监督机构、咨询机构及项目执行机构等核心部门。例如，可组建由各方精英代表构成的理事会，作为平台的最高决策机构，负责明确平台的发展蓝图与科研导向。制定完善的规章制度，并确立重大事项的集体商议与决策流程。同时，设立监事会，对平台内科研项目的推进情况及关键管理岗位人员的履职情况进行全面监督，确保平台始终沿着规范、透明的轨道前行。此外，我们还将邀请来自学界、产业界等各领域的杰出专家，共同组成咨询委员会，为平台内的科研项目立项、评估等环节提供权威、专业的指导建议。

针对每一个具体的科研项目，我们都将成立专门的项目执行团队，由学科领军人物与核心科研人员携手组建，全力负责项目的具体实施与推进。为保障平台的日常运营，我们还将设立完备的行政机构，专注于人事管理、资源配置以及平台文化塑造等核心工作，为科研人员营造一个舒适、高效的工作环境与氛围。

（2）资源整合机制

构建高校协同创新平台的核心使命在于打破各创新主体间的壁垒，实现人才、资金、信息、基础设施等宝贵资源的深度融合与高效利用。为此，我们必须建立一套科学、完善的资源整合机制。

在人力资源层面，我们将打破传统归属单位的限制，广泛吸纳高校师生、科研人员以及企业中的技术精英，通过灵活多样的选拔与招募方式，实现人力资源的最优配置并激发各方潜能。

在资金筹措方面，虽然平台在政府引导与高校主导下构建，但我们绝不仅限于政府拨款与高校投入。我们将积极拓展资金来源，积极吸引企业资本与其他中介机构的资金投入，并实行严格的资金管理与统筹使用，确保平台运行的资金充足且使用合理。

在信息流通方面，我们将搭建高效的信息共享平台，通过定期举办信息技术交流研讨会、构建信息化平台系统等多种方式，实现信息的全面开放与共享，有力促进高校与企业间的技术交流与知识转移。

在基础设施等物力资源方面，我们将推动各参与主体共享实验室、仪器设备等关键资源，实现硬件设施与实验技术的完美结合，为研究人员提供一流的实验条件与支持，助力科研创新成果的涌现与转化。

（3）考核评价机制

为了保障高校协同创新平台的持续健康运行与蓬勃发展，构建一套既科学又合理的考核评价机制显得尤为重要。这一机制需全面兼顾高校、企业及国家层面的多元化需求与目标，对平台的整体运作进行全方位、深层次的考核与评估。

鉴于不同协同创新平台在资金投入、创新难度及复杂度等方面存在的显著差异，我们必须采取分类施策的原则，为各类平台量身打造符合其特点的考核评价标准。在项目实施的具体评估环节，应着力建立健全专家咨询体系，积极吸纳并引入第三方评估机构的专业力量，同时构建起一个涵盖广泛、专业权威的评估与评审专家库。在此基础上，我们还应不断完善专家的选拔、回避、信用记录及问责机制，以确保项目评估工作的科学严谨与公正无私。

针对应用型科研项目，我们应在强化立项评审、中期检查及项目验收等关键环节管理的同时，创新性地引入后评估机制。这一机制将聚焦于科技计划项目的最终完成情况及成果的推广应用效果，进行全方位、多维度的综合评估。

此外，我们还应密切关注协同创新过程中合作协同效应的发挥情况，包括知识技术的共享交流、隐性知识的有效传播与扩散等，以确保协同创新活动的深入实施与高效推进。

与此同时，我们还应致力于营造一种鼓励创新、宽容失败的学术氛围，努力形成有利于协同创新的文化生态环境。这将为高校协同创新平台的持续发展提供强大的精神动力与智力支持，确保其能够在激烈的市场竞争中稳健前行，不断攀登科技创新的新高峰。

第四节　高校科研管理创新激励

一、高校科研创新激励的思路

（一）高校科研创新激励的制度

1. 树立现代科研管理理念，深化科研创新型校园文化建设

管理理念作为管理者决策与行动的指南，深刻影响着组织的运行与发展。在快速变化的知识经济时代，高校科研管理理念必须与时俱进，以适应新时代的要求。然而，当前许多高校仍受传统计划经济时代管理理念的影响，过于依赖上级计划、经费分配和成果评奖等外部驱动因素，忽视了科研管理的内在规律和科研人员的主体地位。这种“束缚管理”和“重物轻人管理”的理念，严重制约了高校科研的创新与发展。

为了打破这一困境，我们必须树立现代科研管理理念，坚持以“人”为核心，重视科研人员的个性发展与潜能激发。这意味着高校科研管理应更加注重科研人员的成长与发展，为他们提供充分的自主权和创造空间，鼓励他们积极参与科研决策和创新实践。同时，高校应建立科学的评价体系和激励机制，以成果质量和创新贡献为导向，全面评估科研人员的绩效与价值，激发他们的积极性和创造力。

此外，校园文化建设作为高校科研创新的重要支撑，也应得到充分的重视

和发展。一个鼓励创新、宽容失败的校园文化氛围，能够极大地促进科研人员的创新热情和实践勇气。因此，高校应积极构建科研创新型校园文化，通过举办学术讲座、科研竞赛、创新论坛等多种形式的活动，培育科研人员的创新意识和创新精神。同时，高校还应加强科研诚信建设，营造风清气正的科研环境，为科研人员提供公正、透明的竞争平台。

在校园文化建设中，高校应突出科研创新文化的内涵，将创新理念融入校园文化的各个层面。通过树立创新榜样、表彰创新成果、分享创新经验等方式，激发科研人员的创新潜能和创业精神。同时，高校还应注重培养科研人员的风险意识和风险承担能力，鼓励他们勇于尝试、敢于失败，从失败中汲取教训、积累经验，为未来的创新实践奠定坚实的基础。

总之，树立现代科研管理理念、深化科研创新型校园文化建设是推动高校科研创新发展的关键举措。只有不断创新管理理念、优化科研环境、激发科研人员的创新潜能和创业精神，才能推动高校科研事业持续健康发展，为国家科技进步和经济社会发展做出更大的贡献。

2. 建立吸引和培训人才的激励制度

为了打造一支高素质、富有创新能力的科研队伍，高校必须构建一套完善的吸引和培训人才的激励制度。这一制度旨在吸引外部优秀人才加入，同时激发内部员工的积极性和创造力，确保人才队伍的稳定性和持续发展。

①建立吸引人才的激励制度

吸引人才是提升组织创新能力的关键。这一制度应兼顾吸引外部优秀人才和留住内部核心员工两个方面。对于外部人才，高校可以通过提供具有竞争力的薪酬福利、优厚的科研条件以及广阔的发展空间来吸引他们加入。这些措施不仅能够为组织带来新的思想和活力，还能激励现有成员不断学习和进步，形成积极向上的工作氛围。同时，针对校内人才，高校应关注他们的职业发展需求，为其提供个性化的职业发展规划和晋升机会，以减少人才流失，确保科研队伍的稳定性和连续性。

②建立培训人才的激励制度

在知识经济时代，知识更新速度极快，科研人员必须不断学习新知识、新技能，以保持其创造力和竞争力。因此，高校应建立完善的培训体系，为科研人员提供多样化的培训机会。培训内容应涵盖专业知识与技能的提升、科研方法的创新以及价值观的培养等多个方面。通过培训，科研人员不仅能够掌握最新的科研动态和技术进展，还能提升个人的综合素质和创新能力。同时，加强科研人员的价值观教育，引导他们树立正确的科研道德观和职业操守，确保科研工作的诚信和严谨。

3. 建立科研团队激励制度

科研创新往往需要团队合作才能实现。因此，高校应重视科研团队的建设和管理，建立有效的团队激励制度。这一制度旨在激发团队成员的积极性和创造力，提高团队的整体绩效和创新力。

科研团队具有独特的优势，能够汇聚不同背景和专业的成员，形成多元化的思维碰撞和合作氛围。团队成员之间的相互依存、团结合作和友善民主的人际关系有助于提升团队的凝聚力和向心力。这种良好的人际关系能够促进成员之间的有效沟通和协作，提高团队的工作效率和创新能力。同时，团队激励制度应关注成员的个人成长和发展需求，提供个性化的职业发展规划和晋升机会，以激发成员的积极性和创造力。

此外，科研团队激励制度还应注重团队文化的建设。通过塑造积极向上的团队文化，增强成员的归属感和认同感，使他们能够在团队中找到自己的价值和位置。这种文化氛围能够激发成员的工作热情和学习兴趣，使他们能够创造性地工作和学习，为团队的科研创新贡献自己的力量。最终，通过科研团队激励制度的建立和实施，高校能够打造出一支高素质、富有创新能力的科研队伍，为科技创新和社会发展做出更大的贡献。

（二）高校科研创新激励的策略

1. 目标激励

目标是组织发展的灯塔，它不仅为组织指明了前进的方向，还激励着每一位成员为实现共同愿景而努力。对于高等院校而言，明确且富有挑战性的目标对于激发教师和科研人员的潜能至关重要。目标不仅具有导向作用，引领着组织不断向前发展，更在无形中激发了组织成员的积极性与创造力。

为了最大化目标激励的效能，高校应当确立明确且具体的发展目标，并构建一套科学、全面且多维度的评价体系。这一体系需综合考量人才培养的质量、科研成果的创新程度、学术影响力的大小、创新活动的参与广度、成果的有效转化以及高新技术产业化等多方面因素，旨在全面、公正地评估教师和科研人员的实际工作贡献。借助这样一套完善的评价体系，高校能够精准地辨识并表彰在教学、科研以及社会服务等领域表现卓越的个体，从而更有效地激发他们的内在动力与创造潜能。

为了进一步增强目标激励的实效性，高校还需采取一系列切实可行的措施。这包括优化与市场经济相契合的用人机制与分配政策，特别是在提升工作待遇、改善生活条件等方面推出更具吸引力的激励举措，以确保能够稳定现有优秀人才并吸引更多外部精英投身教学科研事业。同时，高校应大力推行导师制度，明确职称评聘中的科研导向，并设立专项奖励基金，为青年科研人员的快速成长与成才提供有力支持。此外，高校还应积极营造学术交流的良好氛围，为教师和科研人员创造更多参与国内外高水平学术交流的机会，以此拓宽他们的学术视野、提升他们的专业素养，为高校的整体发展注入源源不断的活力与动力。

2. 政策激励

政策作为管理者实现特定目标的重要手段，对于激发科研人员的积极性和创造力具有不可替代的作用。在国内大多数高校中，津贴制和科研奖励方法已成为激励科研人员的重要手段之一。通过对学术论文、学术专著、课题项目、获奖成果、技术专利等进行量化管理和奖励，高校创造了一个尊重知识、尊重人才的外部环境，充分肯定了人才和智力劳动成果的价值。

政策激励的核心在于通过一系列具体的政策措施来激发科研人员的积极性和创造力。例如，高校可以制定更加灵活多样的科研奖励政策，对在科研领域取得突出成果的个人或团队给予重奖；同时，可以加大对青年科研人员的扶持力度，为他们提供更多的科研资源和机会；此外，还可以通过建立科研成果转化机制等方式，促进科研成果向现实生产力转化，从而进一步提升科研人员的获得感和成就感。

在实施政策激励的过程中，高校还应注重政策的公平性和可持续性。确保每一位科研人员都能在公平的环境中竞争和发展；同时，要根据科研工作的特点和规律不断调整和完善政策体系，确保政策激励的长期有效性。通过构建尊重知识与人才的外部环境并不断完善政策激励体系，高校将能够更好地激发科研人员的积极性和创造力，推动科研事业的持续健康发展。

3. 能力激励

能力激励的核心在于激发员工对自身能力的信心与期望，从而驱动他们为实现个人目标付出努力。员工对于某项任务或目标的动力，很大程度上源于他们对自身能力的评估。当员工认为自己具备完成该任务所需的能力时，他们更有可能积极投入，努力实现目标。反之，如果员工对自己的能力表示怀疑，那么即使任务再重要，他们也可能缺乏动力去尝试。

此外，拥有某种特定能力本身也会激发员工产生新的需求。例如，当员工掌握了一项独特或先进的技术时，他们可能会期望承担更大的责任、获得更高的职位、取得更显著的成就，并期望得到相应的回报。这时，如果组织的系统和机制能够强化员工对自身能力与这些需求满足之间关系的认知，那么员工不仅会产生强烈的内在动力，还会为此付出不懈的努力。

因此，组织应当重视能力激励的作用，通过不断更新员工的知识体系、提升他们的技能水平，来激发他们的进取心。这可以通过提供专业培训、鼓励自主学习、设立挑战性项目等方式实现，让员工在实践中不断提升自我，从而满足他们追求成长和发展的需求。

4. 知识激励

知识激励则是基于科研人员对知识的强烈渴望而设计的一种激励方式。科研人员往往对新知识、新技术充满好奇，他们渴望通过不断学习来丰富自己的知识体系，提升专业能力。高校可以充分利用这一特点，为科研人员提供一流的研究环境和导师指导，让他们有机会从事前沿的研究工作，从而在业务和能力上不断进步。

知识激励不仅满足了科研人员对知识的追求，还促进了他们的个人成长和职业发展，同时也为高校的创新和发展提供了源源不断的动力。

二、高校科研创新的长效激励机制

（一）以系统观念为指导设计科研创新激励机制

当前，高校在科研创新激励机制的构建上尚显不足，缺乏系统性的规划和整合，导致激励效果不尽如人意。具体而言，存在以下几个方面的问题：

第一，在激励方法的选择上，高校往往未能充分考虑到各种激励方法的有机结合与互补性，而是孤立地使用某一种激励手段，这就导致激励效果大打折扣。例如，在科研激励中过分偏重于目标激励，而忽视了科研人员个体能力和成长需求的考虑，或者在制定能力激励政策时未能与目标激励有效衔接，使得两者在实践中相互脱节。这种单一化的激励方式不仅无法全面激发科研人员的积极性和创造力，反而可能引发内部矛盾，影响团队凝聚力。

第二，从激励的层次性角度来看，高校往往缺乏针对不同需求层次的科研人员的差异化激励策略。不同科研人员的需求和动机各异，如果采用“一刀切”的激励方式，很可能无法有效满足不同群体的需求，甚至可能挫伤部分科研人员的积极性。因此，高校需要构建具有层次性的激励体系，以更好地适应不同科研人员的需求和发展阶段。

第三，在激励的范围和着眼点上，高校往往过于关注个别拔尖人才的激励，而忽视了广大普通科研人员的积极性提升。这种“点式激励”的做法不仅难以形成广泛的激励效应，还可能加剧内部竞争和矛盾，不利于科研团队的整体协作和创新能力的发展。因此，高校应将激励范围扩大至全体科研人员，注重提升全体科研人员的积极性和创新能力。

第四，从激励的时间规划来看，高校往往缺乏长远考虑和预见性，导致激励政策频繁变动，无法形成稳定的激励预期。这种短视的激励策略不仅无法持续激发科研人员的积极性，还可能破坏科研工作的连续性和稳定性。因此，高校应制定长期稳定的激励规划，确保激励政策的连续性和有效性。

第五，在激励工作的执行过程中，高校往往忽视了与其他管理工作的协同配合，导致激励效果无法最大化。科研创新激励工作应与高校的日常科研管理、学科建设、研究机构建设、人才培养、科研文化建设等工作紧密结合，形成协同效应，共同推动科研创新工作的全面发展。

针对以上问题，高校应以系统观念为指导，对科研创新激励工作进行整体规划设计。具体而言，应做好以下几个方面的工作：一是正确选择激励方法种类，实现各种激励方法的有机结合和互补；二是构建具有层次性的激励体系，以适应不同需求层次的科研人员的需求；三是处理好激励的点与面的关系，注重全体科研人员的积极性提升；四是做好激励的时间规划，确保激励政策的连续性和稳定性；五是将激励工作纳入高校科研管理的有机整体之中，实现与其他管理工作的协同配合。通过这些措施的实施，高校可以构建更加科学、合理、有效的科研创新激励机制，为科研工作的长期可持续发展提供有力保障。

（二）建立分层次激励机制

目前，各高校普遍建立了以科研奖励为核心的激励机制，旨在通过奖励来激发科研人员的积极性和创造力。然而，要使奖励制度真正发挥效用，必须全面考虑多个维度，确保奖励机制既具有层次性又兼顾公平性。具体而言，奖励制度应包含高、低不同层次的奖励，以满足不同能力和贡献度的科研人员的需求。如果仅设置高层次奖励，可能会导致大多数人因觉得难以企及而放弃追求；而若只有低层次奖励，则可能无法有效区分和激励优秀人才。因此，合理划分奖励层次，根据科研成果的质量和影响力设定不同的奖励等级，是确保奖励制度公平性和有效性的关键。

在设计奖励制度时，除了考虑奖励层次外，还需关注奖励的阶段性与连续性、客观性与公正性、适时奖励与适时惩罚等多个方面。奖励的阶段性能够激发科研人员的短期动力，而连续性则有助于维持其长期的研究热情。同时，确保奖励过程的客观性和公正性至关重要，这要求有明确的评价标准和透明的评审流程。此外，适时奖励与惩罚也是激励制度的重要组成部分，能够及时反馈科研人员的表现，促进其持续改进。

在完善奖励制度的过程中，还应注重奖励内容与形式的多样性，以满足不同科研人员的个性化需求。例如，除了物质奖励外，还可以提供学术交流、国际访问等非物质奖励，以拓宽科研人员的视野和提升其学术地位。同时，激励政策应与其他政策相协调，形成合力，共同推动高校科研事业的发展。

总之，高校科研奖励制度的完善是一个系统工程，需要综合考虑多个因素，确保奖励机制既具有激励性又具有公平性。通过实施分层激励策略、丰富奖励内容与形式、确保奖励过程的客观公正等措施，可以进一步激发高校科研人员的积极性和创造力，推动高校科研事业的持续健康发展。

（三）建立科学量化和代表性成果相结合的评价模式

科研人才流失的一个关键原因在于缺乏有效的激励机制，这种现象通常表现为论资排辈、权责不对等，这些严重挫伤了科研人员的积极性，使他们的价值在组织中得不到充分认可。此外，如果考核体系无法真实、准确地衡量科研人员的贡献，就会导致激励不公平的问题。在市场经济背景下，科研管理应当转变思想，从身份平等转向机会均等和效益平等，营造公平竞争的政策与人文环境，并贯彻按劳分配原则，合理调整科研人员的利益分配。

为此，建立科学的业绩评价指标体系至关重要。高校在构建这一体系时，需充分考虑不同学科和研究方向的特点，平衡自然科学与社会科学、基础研究与应用研究的差异，设定合理的一级指标、分级指标和权重，并广泛征求师生意见，确保评价体系的公正性和可操作性。同时，引入代表性成果制度，强调科研质量而非数量，鼓励科研人员专注于高质量研究，克服浮躁心态。在考核过程中，结合科学量化和代表性成果评价，既能体现科研人员的个性特色，又能促进团队成员间的紧密合作，从而推动高校科研创新能力的持续提升。

三、高校科研创新的管理沟通

（一）管理沟通在高校科研创新工作中的作用

1. 及时传递科研信息

在快速发展的信息时代，知识和技术的革新日新月异，科研信息的传递速度和效率对于高校科研工作的推进至关重要。通过构建高效的信息传递机制，教师可以迅速捕捉到科学研究领域的最新动态和前沿进展，从而及时调整研究方向和方法，保持科研工作的时效性和创新性。同时，教师也能够将自身在科研工作中的新想法、需求和建议及时反馈给科研管理部门，为科研管理提供宝贵的参考意见。这种双向的信息交流不仅有助于提升科研工作的针对性和实效性，也是科研管理部门制定科学决策和规划的重要基础。通过与上级主管部门、各科研院所及科研人员等内外部环境的紧密沟通，高校能够获取最全面的科研信息，为科研工作的高效推进提供有力支撑。

2. 为科研创新提供全方位支撑

管理沟通在高校科研创新能力的构建中扮演着核心角色。通过积极与外界科研单位建立科研联盟，高校能够拓宽资源渠道，引入外部优质资源和能力，为科研工作注入新的活力。面对科学技术日新月异的挑战，高校需通过持续的沟通学习，及时汲取前沿技术和理念，通过合理的激励机制促使教师不断更新知识结构和技能水平。此外，通过提升教师的沟通能力和主动性，高校能够更有效地整合教师资源，形成强大的科研合力。同时，营造浓厚的科研创新氛围，激发教师的创新潜能，也是提升高校科研核心能力的重要途径。通过全方位的沟通机制，高校能够不断推动科研创新，形成独特的科研优势。

3. 科研管理：成功管理的重要抓手

高校科研管理部门作为科研工作的中枢机构，承担着将科研信息和任务准确、高效地传递给教师的重任。有效的管理沟通能够确保教师充分理解科研目标和要求，从而高效执行科研任务，推动科研工作按计划有序进行。若沟通不畅，则可能导致教师对科研任务的理解偏差和执行不力，进而影响科研工作的整体进度和效果。此外，通过管理沟通，高校能够鼓励教师积极参与科研管理决策，充分激发其潜能和创造力，为科研工作的持续改进和创新提供动力。因此，科研管理不仅是科研工作的组织者和协调者，更是推动科研工作高效运行和创新发展的重要力量。

4. 建立和改善人际关系，营造和谐科研氛围

管理沟通在高校科研工作中还承担着建立和改善人际关系的重要职责。通过信息沟通、意见交流等方式，高校科研管理部门与教师之间、教师与教师之间能够建立起更加紧密的联系和信任关系。这种联系和信任不仅有助于科研工作的顺利推进，还能够营造出一个和谐、积极的科研氛围。信息沟通作为人们表达思想、感情与态度的重要手段，对于满足人们的心理需求、增进相互理解和友谊具有不可替代的作用。通过畅通的信息沟通渠道，高校能够减少人际冲突和误解，增强团队凝聚力和向心力。同时，通过传递校园文化和精神价值观，高校能够进一步激发教师的工作热情和创造力，为科研工作的持续发展和创新奠定坚实的基础。

（二）高校改善科研管理沟通环境的策略

1. 明确目的，细致规划沟通策略

科研管理沟通并非单纯的信息传递行为，而是一种以实现特定目标为导向的策略手段。无论沟通的形式是正式且严谨的书面交流，还是轻松自在的口头对话，无论是自上而下的指令传达，还是自下而上的信息反馈，抑或同级管理者与教师之间的信息共享，沟通的核心始终在于明确的目标设定。缺乏明确目的的沟通，往往导致信息传递的混乱与无效。因此，在启动任何沟通活动之前，管理者首要任务是清晰界定沟通的目标，确保信息的组织围绕这一目标紧密展开，避免沟通的无的放矢。

在明确沟通目的的基础上，管理者还需进一步制订详尽的沟通计划。这一

计划应涵盖沟通内容的筛选、沟通对象的确定、沟通媒介与方式的选择、沟通时间的安排以及沟通过程的具体设计等多个方面。例如，对于需要广泛传播的常规科研信息，可以选择通过校园网等公共平台发布，确保信息的全面覆盖；而对于涉及特定群体或个人的敏感信息，则需采用更为私密和直接的沟通方式，如邮件通知或面对面交流，以确保信息的保密性和针对性。

2. 优化管理架构，构建高效沟通体系

当前高校科研管理体系中，由于层级众多，如学校、学院、系部、教研室等，导致沟通环节繁琐，信息传递过程中易出现失真和延误。为了破解这一难题，可以探索实施两级科研管理制度，以简化沟通流程，提升沟通效率。具体而言，常规科研信息可借助校园网等数字化平台，由学校科研管理部门统一发布，并直接传达至各学院，再由学院科研秘书将信息精准推送给每位教师。这种方式不仅确保了信息的及时性和准确性，还有效降低了沟通成本。

同时，针对特殊或紧急的科研信息，学校科研管理部门应建立快速反应机制，根据信息的紧急程度和涉及范围，灵活选择直接通知相关人员的方式，如电话、短信或即时通讯工具等，以缩短信息传递链，减少信息延误。

此外，为了构建更加高效、互动的沟通体系，还需重视信息反馈机制的建设。通过设立专门的反馈渠道，如在线反馈系统、意见箱等，鼓励教师积极反馈沟通效果及建议，形成有效的双向沟通回路。同时，结合校园网信息发布、科研秘书通知、科研简报等多种沟通形式，构建多元化的沟通网络，既保证信息的重复性和综合性传递，又增强了沟通的深度和广度，为科研管理的高效运行提供有力支撑。

3. 构建学术交流平台，深化学科交叉与融合

在当前科研领域，学科交叉与融合已成为推动科技创新的重要途径。然而，由于科研单位之间缺乏有效的凝聚机制和交流平台，导致不同学科间的沟通与合作受到限制，难以形成高效的交叉融合。针对这一问题，学校应主动承担起构建学术交流平台的重任，为科研人员提供一个开放、包容、互动的环境，促进不同学科之间的思想碰撞与知识共享。

具体而言，学校可以通过举办学术会议、研讨会、工作坊等多种形式的活动，邀请来自不同学科的专家学者进行交流和分享，激发新的科研灵感和创新思维。同时，学校还可以建立在线学术交流平台，利用现代信息技术手段打破时空限制，实现科研人员之间的即时互动和资源共享。通过这些举措，学校不仅能够促进学科之间的交叉与融合，还能够培育出具有创新性和前瞻性的交叉

学科领域，为学校的科研发展注入新的活力。

4. 召开多元化座谈会，拓宽信息反馈渠道，提升科研管理效率

科研管理部门作为学校科研工作的核心机构，其管理水平和效率直接影响到学校科研事业的发展。然而，在实际工作中，科研管理部门往往面临着经验不足、方法单一等问题，难以适应复杂多变的科研管理需求。为了提升科研管理效率和质量，学校应积极探索多元化的沟通方式，拓宽信息反馈渠道。

具体而言，学校可以定期召开多种形式的座谈会，如学科带头人座谈会、校院两级管理人员座谈会、重点科研项目负责人座谈会、博士及在读博士座谈会、新任教师座谈会等，以多角度、多层次的方式进行沟通与交流。这些座谈会不仅能够集思广益，为科研管理提供宝贵的意见和建议，还能够增强科研人员的归属感和参与度，激发他们的积极性和创造力。

第五章

高校科研团队服务能力构建与合作实践

第一节　高校科研团队服务能力的影响因素

一、高等学校科研团队服务能力的影响因素——团队领导

科研团队的核心竞争力在于拥有一位卓越的团队领导，这位领导往往是该领域的学术带头人，他们不仅以深厚的学术造诣和敏锐的学术洞察力引领团队科研方向，更以强大的正能量激发团队潜能，推动团队绩效与科研水平的持续提升。衡量一位学术带头人的水平，不仅要看其在相关领域的深入研究、扎实的知识基础以及把握学术前沿的能力，更要看其是否具备洞察国家重大需求、引领团队攻克重大科研难题的实力。

此外，学术带头人的品德同样重要。他们以高尚的品德和卓越的学识吸引并凝聚了一批志同道合的科研人员，形成了强大的团队凝聚力。这种凝聚力不仅提升了团队的核心能力，还促进了团队成员之间的紧密合作与相互支持，为科研创新提供了坚实的基础。

面对快速变化的学术环境，团队领导还需具备高度的灵活性和前瞻性。他们需密切关注学术动态，及时调整团队的研究内容与方向，确保团队研究的前沿性和有效性。同时，针对团队承担的多个项目或课题，领导需根据各课题的特点和需求，灵活调整人员分工与资源配置，确保每个项目都能得到最适合的人才支持和资源保障，从而实现项目的高效推进和顺利完成。这种根据环境变化进行动态调整的能力，是科研团队保持竞争力、实现持续发展的关键。

二、高等学校科研团队服务能力的影响因素——团队结构

一个高效能的科研团队，其结构组成和成员特征至关重要。团队成员的年龄分布应均衡，以确保团队既有经验丰富的资深成员提供指导，又有充满活力和创新精神的年轻成员带来新鲜视角。此外，团队成员性格的异质性也是关键，不同性格的成员能够互补，促进团队内部的多元交流和合作。明确的团队分工则能确保每位成员都清楚自己的职责所在，避免工作重叠和责任模糊，提高团队运作效率。

在学术层面，团队成员的异质性，特别是学术异质性，对团队的创新能力和研究深度有着不可忽视的影响。学术异质性指的是团队成员在专业背景、能力结构、研究志趣等方面的差异。在当今这个学科交叉融合日益紧密的时代，许多重大科研问题都需要跨学科、跨领域的合作才能攻克。因此，一个团队中成员的专业知识结构相似度不应过高，而应鼓励学术异质性，让不同学科背景的成员能够相互启发，碰撞出新的思想火花。

虽然性别、种族等个人特征也会对团队的人际关系产生影响，但研究表明，这些因素对团队绩效的影响并不显著。相比之下，学术异质性更能激发团队的创造力和创新能力。在多种学科交叉的研究中，成员间的学术相似度低意味着他们能够从不同的专业视角审视问题，提供多样化的解决方案。这种差异性的信息资源在团队讨论中能够相互补充、充实，不仅丰富了研究内容，还有助于激发更多新颖的想法和创意。

因此，构建一个高效能的科研团队，需要综合考虑团队成员的年龄、性格、学术背景等多方面的异质性，通过合理的分工和协作机制，充分发挥每位成员的特长和优势，共同推动科研工作的深入发展。

三、高等学校科研团队服务能力的影响因素——协作程度

协作，作为团队形成与发展的基石，其重要性不言而喻。在高校的科研团队中，协作的程度直接决定了团队的核心竞争力。一个高效协作的团队能够汇聚每个成员的优势，形成一个具有共同愿景和强大执行力的整体，从而在科研领域取得卓越成就。

影响高校科研团队协作能力的因素是多方面的。首先，内部沟通的有效性是关键。有效的沟通能够促进成员之间的思想交流与信息共享，消除误解和隔阂，增强团队的凝聚力和向心力。当团队成员能够坦诚相待、积极分享观点

时，团队的集体智慧将得到最大化发挥，从而推动科研工作的深入进行。相反，如果沟通不畅，成员之间容易产生摩擦和矛盾，影响团队的协作效率和创新能力。

其次，价值认同感也是影响团队协作的重要因素。当团队成员对团队的核心价值观、愿景和制度产生高度认同时，他们会更加积极地投入到科研工作中，形成强大的内在驱动力。这种认同感能够增强团队的凝聚力和归属感，使成员之间更加团结一致，共同面对挑战和困难。同时，对团队愿景的追求也能够激发成员的积极性和创造力，推动团队不断向前发展。

最后，团队的历史背景和成员间的熟悉程度也会对协作效率产生影响。一个新建立的团队在初期可能面临成员间配合不够默契的问题，但随着时间的推移和团队的不断发展，成员之间会逐渐增进了解和信任，形成更加紧密的合作关系。这种基于时间积累的默契和信任是团队协作不可或缺的基础。

为了提升高校科研团队的协作能力，我们可以从以下几个方面入手：一是加强内部沟通机制建设，鼓励成员之间的开放交流和思想碰撞；二是强化价值认同感的培养，通过团队建设活动等方式增强成员对团队文化的认同和归属感；三是注重团队历史背景的积累和成员间关系的培养，通过长期合作和相互支持来增强团队的默契和信任。通过这些措施的实施，我们可以有效地提升高校科研团队的协作能力，推动科研工作取得更加显著的成果。

四、高等学校科研团队服务能力的影响因素——团队运作

在运作管理的精细调控下，高校科研团队得以高效推进研发任务，确保科研目标的顺利达成。运作管理水平的高低直接决定了科研任务的完成效率与成果质量，是构建高水平科研团队的基石。科研团队的运作管理涵盖多个关键维度，包括科研任务的统筹规划、学术交流的内外拓展、项目进展的动态监控、组织架构的适时调整以及科研精力的有效聚焦。

科研任务的统筹规划是运作管理的核心环节，它要求团队在明确科研目标的基础上，对任务的时间进度、执行顺序及研究重点进行周密部署。这一过程不仅涉及对整体科研流程的系统规划，还包括对团队成员的具体分工与资源配置。一个科学合理的统筹规划能够显著提升团队的工作效率，避免无效劳动，确保科研任务在既定时间内高质量完成。同时，通过优化人员配置，每位成员都能在其擅长领域内发挥最大效能，从而推动科研成果的创新与突破。

在统筹规划的基础上，项目进展的督促与监控同样不可或缺。有效的督促机制能够实时跟踪项目任务的进度与速度，确保科研活动按照既定计划有序进

行。通过合理的督促，团队能够及时发现并解决科研过程中遇到的问题与挑战，避免项目延误或偏离预期目标。同时，适度的督促还能够激发科研人员的积极性与责任感，促使他们全身心投入研究工作，进一步提升科研效果与团队绩效。

对于大型合作研究项目而言，科研任务的统一筹划与项目进展的督促尤为重要。通过细化每一环节的研究任务与监督措施，确保各项研究活动紧密衔接、高效协同。这不仅能够为科研任务的按时完成与质量保障奠定坚实基础，还能够促进团队成员之间的深度沟通与知识共享，推动科研创新能力的持续提升。高校科研团队的运作管理是一个系统工程，需要团队在统筹规划、学术交流、项目监控、组织调整与精力聚焦等多个方面协同发力。通过不断优化运作管理机制，提升团队的管理效能与创新能力，为科研工作的顺利开展与科研成果的丰硕产出提供有力保障。

在当今信息化时代，科学技术日新月异，知识的爆炸性增长和科研环境的快速变化要求科研团队必须依靠有效的学术交流机制来推动科研创新。学术交流不仅是个人智慧的汇聚，更是集体智慧的结晶，它能够激发新的灵感，推动科研领域的突破与发展。

科学研究是一项艰苦且高强度的脑力劳动，需要科研人员投入大量时间、心血和精力，保持思维的连续性和创新性。然而，对于以高校为依托的科研团队而言，科研人员往往身兼教学与科研双重职责，难以全身心投入到科研工作中。这种角色转换不仅影响了科研人员的最佳工作状态，也对科研创新构成了挑战。因此，如何平衡教学与科研的关系，成为高校科研团队必须面对的问题。

为了应对这一挑战，科研团队应建立定期的学术研讨会机制。通过研讨会，团队成员可以共享科研信息资源，碰撞思想火花，增进彼此之间的交流与合作。此外，参加团队举行的集体活动也有助于科研人员放松身心，激发新的灵感。这些举措不仅有助于提升团队的核心能力建设，还能促进科研与教学的有机结合，实现科研与教学的双赢。通过有效的学术交流机制，科研团队能够更好地适应科研环境的变化，推动科研创新不断向前发展。

五、高等学校科研团队服务能力的影响因素——环境条件

高校科研团队的创新绩效不仅受到团队内部诸如成员能力、协作机制等内部条件的影响，同时也显著受到外部环境条件的制约。这些外部环境条件主要包括物质资源、经费支持、政策环境、文化氛围以及学术创新氛围等多个方面，它们共同构成了科研团队核心能力的重要支撑。

首先，物质资源是科研活动得以顺利开展的基础。办公场地、实验仪器和

设备、办公用具等物质基础条件的优劣直接影响到科研团队的产出效率和成果质量。特别是对于理工科科研团队而言，实验设备和仪器的重要性更是不言而喻。现代科技的发展对实验结果的精确性要求极高，因此，拥有先进、精密的实验设备对于提升科研成果的质量具有决定性作用。

其次，科研经费的充足与否直接关系到科研活动的持续性和深入性。科研经费主要用于支持课题研究、设备购置与维护、调研活动、信息收集、学术交流等多个方面。充足的科研经费能够保障科研活动的顺利进行，提升科研人员的信心和积极性，使他们能够专注于科研工作，避免因资源争夺而分散精力。同时，科研经费的支持也有助于科研团队吸引和留住优秀人才，提升团队的竞争力和凝聚力。

再次，合理的政策和制度环境对于科研团队的发展同样至关重要。良好的政策环境能够为科研团队提供明确的发展方向和有力的支持措施，激发团队的创新活力。而合理的制度设计则能够保障科研活动的有序进行，促进团队内部的协作与沟通，提升团队的整体效能。

最后，学术创新氛围和文化特质也是影响科研团队核心能力的重要因素。一个鼓励创新、尊重知识、重视人才的学术氛围能够激发科研人员的创新潜能，促进新思想、新技术的产生。同时，独特的文化特质也能够增强团队的凝聚力和归属感，使团队成员更加紧密地团结在一起，共同为科研事业贡献力量。

总之，高校科研团队的创新绩效受到多方面因素的影响，其中物质资源、经费支持、政策环境、文化氛围以及学术创新氛围等因素尤为关键。为了提升科研团队的核心能力，需要综合考虑这些因素，为科研团队提供全方位的支持和保障。

第二节 高校科研团队凝聚力及其提升策略

一、高等学校科研团队凝聚力的理论分析

（一）知识型员工管理理论

知识型员工，这一概念由美国彼得·德鲁克提出，指的是那些具备快速学

习新知识、拥有强大创新能力，并能有效利用现代科技提升工作效率的个体。相较于普通员工，知识型员工在性格上更加独立自主，富有创新精神，他们不仅追求工作中的物质回报，更重视人格尊严、管理的人性化以及工作带来的精神满足感和自我价值的实现。知识型员工的特点鲜明，首先，他们拥有较高的工作自主性，通常受过良好的系统教育，视野开阔，求知欲旺盛，勇于尝试新事物。其次，他们的工作过程充满创造性，难以像传统流水线作业那样进行直接监管，因为其核心在于运用专业知识和技能进行创新思维和实践。再次，知识型员工极其重视工作带来的成就感，他们渴望通过挑战性工作实现自我价值，对精神层面的激励需求远高于物质激励。复次，对知识型员工而言，职业发展前景至关重要，因此他们往往具有较高的流动意愿，对职业机会的敏感度也更高。最后，知识型员工个性鲜明，尊重知识、科学，对传统的教条式管理和权威指挥方式持抗拒态度，这要求组织在管理方式上必须更加灵活和人性化。

（二）团体动力学理论

团体动力学，或称为群体动力学，专注于探究两大方面：一方面，它研究团体（无论是正式组建的还是非正式形成的）如何塑造其成员的行为模式；另一方面，它深入剖析团体自身所遵循的行为规律和动态。在此理论框架下，团体被界定为由至少两个个体组成，为共同目标而协同合作的组织实体。团体动力，作为一种内生的驱动力，促使团体成员之间发生互动、相互影响并促进彼此间的融合。

团体凝聚力作为团体动力的一个核心组成部分，对团体活动的效率和成效具有至关重要的影响。一个高度凝聚的团体往往表现出成员责任感强烈、相互间影响深远、价值观高度一致以及成员安全感提升等特征，这些特征共同推动了团体生产力的提高和整体绩效的飞跃。在探讨团体凝聚力时，团体动力学特别强调了民主领导风格、成员参与共同决策的程度以及团体内部氛围的营造对于凝聚力形成的重要性。

在团体动力学的广阔研究范畴中，正式群体（基于组织正式结构而建立）与非正式群体（由成员自发形成，未经过官方正式认可）均占据着举足轻重的地位。特别是在高校科研团队的背景下，非正式群体的影响力尤为突出。因此，在研究高校科研团队的凝聚力时，应给予非正式群体更为深入的关注和细致的研究。通过全面理解非正式群体的运作机理及其如何影响团队凝聚力，我们可以更有效地推动高校科研团队的创新进程和发展步伐。

二、高等学校科研团队凝聚力的提升策略

（一）提升科研团队凝聚力的主要策略

1. 实现团队成员个人目标与团队目标的深度融合

（1）制定共同目标需紧密贴合实际

高校科研团队在设定目标时，应严格遵循从实际出发、实事求是的原则，确保所制定的目标既符合团队的实际能力和资源状况，又具有一定的挑战性和前瞻性。这样的目标不仅能够激发团队成员的积极性和创造力，还能让他们对团队及个人未来的发展充满信心，从而增强团队的向心力。在目标制定的过程中，团队领导者应充分考虑低职位成员的意见和建议，确保目标的广泛认同和接受度。同时，通过有效的目标宣导工作，使每个成员都能深刻理解团队目标的意义和价值，为共同目标的实现贡献自己的力量。

（2）融合个体目标与团队目标，实现共赢发展

为了实现团队成员个人目标与团队目标的深度契合，团队应努力将个体目标融入集体目标之中。通过明确团队目标能为团队和成员个人带来的具体好处，使每个成员都能认识到自己在团队发展中的重要性和价值。在具体操作中，可以将个人工作与团队任务、个人发展与团队发展、个人利益与团队利益紧密结合，确保每个成员在追求团队目标的过程中，既能满足个人需求，又能实现个人能力的进一步提升。这种共同目标的制定，不仅能够激发团队成员的积极性和归属感，还能为团队凝聚力的提升提供有力支撑。

2. 落实科研共享与传承，提升团队与成员实力

（1）团队内部：构建知识共享体系，提升科研水平

在高校科研团队内部，构建有效的知识共享体系是提升团队科研水平的关键。团队应通过建立多样化的知识共享平台，如设立共享服务器、建立资料库、定期召开讨论会和个人进度报告会等，促进成员间的知识交流和经验分享。通过这些措施，不仅可以提高成员解决问题的能力和科研知识水平，还能加速新进成员的成长和融入。同时，团队内部应形成良好的知识和经验共享习惯，对活跃成员给予适当奖励，以激发更多成员参与知识共享的积极性。这种内部知识共享体系的建立，将有助于提升团队的整体实力，实现团队与成员的

双赢发展。

（2）团队外部：拓宽成果共享渠道，提升学术影响力

除了内部知识共享外，高校科研团队还应积极拓宽成果共享渠道，提升团队在学术界的知名度和影响力。这可以通过建立外部成果共享平台、定期发布高质量非保密项目成果、举办研讨会、承担外部科研或测试工作等方式实现。通过这些平台，团队不仅可以展示自身的科研成果和实力，还能吸引更多合作机会和成果转化意向。同时，这些外部交流活动也有助于提升团队成员的科研素质、表达能力和业内知名度，进一步推动团队与成员的共同发展。在成果共享的过程中，团队应注重保护知识产权和商业秘密，确保共享活动的合法性和安全性。通过这些措施的实施，高校科研团队将能够在学术界树立更高的声誉和地位，为团队和成员的长远发展奠定坚实基础。

3. 倡导团队内部多样而有效的激励方式

（1）在团队层面充分运用多元化激励策略

为了激发高校科研团队成员的积极性和创造力，我们需要在团队层面采取多种激励方式，以满足不同成员的需求和动机。

首先，物质激励作为一种基础且重要的激励手段，对于表现卓越的成员应给予适当的物质奖励。虽然对于高知识人才而言，物质激励的重要性可能相对下降，但它仍然是不可或缺的一部分。在设立物质激励时，应确保奖励与成员的优异表现相匹配，并在合理的时间内兑现，以充分发挥其激励效果。

其次，授权激励对于渴望独立承担任务、展示个人能力的成员尤为重要。通过授予核心成员或有能力的成员一定的管理权利或其他权利，可以激发他们的责任感和成就感，从而提升团队的整体效能。这种激励方式要求被授权的成员必须具备足够的能力来胜任所承担的任务。

再次，目标趋近激励强调团队目标与个人目标的协调一致性。通过有效协调团队和成员个体的目标，使团队目标的实现成为个人发展的里程碑，可以增强成员对团队的认同感和依赖感，进而提升团队的凝聚力。

复次，肯定赞美法作为一种心理激励手段，在日常工作中对成员的工作给予及时的肯定和赞扬，可以满足成员的尊重需求，提升其工作积极性和自信心。

参与法则通过让成员参与更重要的工作，实现其自身价值和自我发展，从而增强其对团队的归属感和责任感。

最后，教育培训法将提升成员科研素质的教育培训作为激励手段，不仅有助于成员的个人成长，还能为团队带来长远的收益。

（2）关注团队成员个人层面的差异化需求

高校科研团队中的成员具有多样化的需求，为了达成有效激励，我们必须关注并满足这些差异化需求。对于高知识人才而言，事业的发展往往比物质利益更为重要。因此，高校科研团队应为他们提供更高层次的学历教育、继续教育、工作和管理类培训、出国考察、学术交流等机会，以帮助他们不断更新知识、增强能力。同时，通过重点学科建设、重点实验室建设、科研条件建设、科研项目申报、学科带头人选聘、职称发展等途径，为成员提供新的、更高的发展平台。这样不仅能满足成员的尊重需求和自我实现需求，还能促进团队的整体发展。

（3）引入超级市场激励方法以满足个性化需求

鉴于团队成员在需求上的差异，我们可以引入超级市场激励方法（又称“自助餐式报酬”），以实现激励方式的个性化。这种方法允许成员根据自身选择和需求选择适合自己的激励方式。例如，学生成员可能更看重物质奖励和教育培训机会；而刚入职的教师可能更侧重物质奖励和授权激励；学术带头人等核心科研人才则可能更看重科研成果的成就感。通过提供多样化的激励选项，我们可以更好地满足成员的个性化需求，从而提升团队的整体凝聚力和创造力。

（二）提升科研团队凝聚力的辅助策略

1. 营造积极科研沟通氛围

沟通氛围是科研团队高效运作的基石，与科研绩效紧密相关。一个充满正能量、开放包容的沟通氛围对于促进团队内部的知识共享、思维碰撞至关重要。在良好的沟通氛围中，团队成员能够毫无顾忌地表达个人观点，即使是面对学术分歧，也能通过建设性的对话找到最佳解决方案。这种氛围鼓励团队成员勇于探索、敢于质疑，促进个人与团队智慧的深度融合。为了营造这样的氛围，团队领导者应倡导开放、平等的交流文化，鼓励成员间的相互尊重和理解，同时建立有效的沟通机制，如定期召开团队会议、设立匿名建议箱等，确保每位成员的声音都能被听见和重视。

2. 维护成员稳定性与动态平衡

在高校科研团队中，维护成员稳定性与动态平衡是提升团队凝聚力的关键。学生群体的动态稳定性对于项目的连续性和团队文化的传承至关重要，而教授和普通教师群体的相对稳定则是团队专业知识和经验积累的重要保障。为了减少不必要的成员流动，团队应建立明确的成员选拔和退出机制，确保每位成员都能在团队中找到自己的定位和价值。同时，针对核心成员的流动，团队应制定有效的挽留措施，如提供更具吸引力的职业发展路径、增强团队归属感和荣誉感等，以减少核心成员的流失对团队凝聚力的负面影响。

3. 增强团队依赖感与归属感

增强团队依赖感是提升团队凝聚力的有效途径。首先，团队领导者应表现出对成员的深切关怀和信任，通过实际行动展现对成员个人价值的认可和尊重。这包括在工作上给予成员充分的授权和支持，在生活中关注成员的实际困难并提供必要的帮助。其次，促进团队成员间的良好互动和深入交流，通过团队建设活动、非正式聚会等形式加深成员间的了解和信任，形成紧密的团队纽带。最后，团队应将实现成员个人价值作为重要目标，为成员提供广阔的发展空间和成长机会，使团队成为成员实现职业梦想和个人价值的坚实平台。通过这些努力，团队成员将更加依赖和信任团队，形成强大的凝聚力，共同推动团队向前发展。

4. 团队硬件条件

（1）资金应专款专用，确保科研投入

在当今社会，随着国家对科技创新的重视日益加深，高校科研团队获得的扶持力度也在不断加大。然而，令人遗憾的是，部分科研团队却将宝贵的科研资金挪作他用，比如为管理者配备个人生活物品或用于享乐消费，这无疑是对科研资源的极大浪费。这种行为不仅导致科研工作进展受阻，甚至使得一些原本具备强大潜力的团队在完成一个项目后，因资金短缺而无法开展新的研究。科研团队的硬件条件无法得到改善，将直接影响到团队的科研能力和吸引力，使得优秀人才望而却步，团队内部成员也可能因此心生不满，萌生离意，从而极大地削弱了团队的凝聚力。

为了确保科研工作的顺利进行和团队的持续发展，我们必须严格规定科研资金的用途，确保专款专用，将资金全部投入科研活动中去。只有这样，我们才能真正发挥科研资金的作用，推动科研工作的深入发展，为国家的科技创新事业贡献力量。

（2）团队内部资金合理分配，促进均衡发展

团队硬件条件的改善不仅关乎团队整体科研能力的提升，也直接影响到团队内部不同研究方向的均衡发展。在分配科研资金时，我们必须坚持公平合理的原则，既要突出重点研究方向的投入，也要兼顾其他研究方向的基本需求。不能长期或严重地偏向某一研究方向，更不能让重点研究方向独占资源，从而忽视了其他研究方向的发展。

通过科学合理的资金分配策略，我们可以确保每个研究方向都能得到必要的支持，促进团队内部各研究方向的均衡发展。这样不仅能激发团队成员的工作积极性，还能提升团队的整体科研实力和凝聚力。

（3）加强科研团队间合作互助，共享资源

尽管国家和高校对科研团队的扶持力度不断加大，但仍有许多团队面临硬件条件不足的问题。面对这种情况，各高校科研团队的领导者和学术带头人应积极发挥其在学术圈中的影响力，组织不同科研团队之间建立合作关系，共同解决硬件设施难题。

通过合作互助，科研团队可以共享资源、互补优势，从而提高科研效率和成果质量。例如，一些大型测试仪器和试验平台等硬件设施的使用问题，可以通过团队间的合作得到有效解决。这种合作模式不仅有助于提升非重点科研团队对人才的吸引力，还能增强整个科研领域的凝聚力和协作精神。

（4）加强沟通理解，共同面对硬件设施挑战

每个高校科研团队在硬件设施上都会存在一定的局限性，无法完全满足所有科研成员的需求。面对这种情况，团队领导者和学术带头人需要加强与成员的沟通，让成员理解团队的资源现状和发展规划。同时，成员也应保持理性态度，理解团队的难处和限制。

通过双方的沟通和理解，我们可以共同面对硬件设施上的挑战，寻求合理的解决方案。对于硬件设施相对简陋的科研团队而言，这种沟通和理解尤为重要。只有团队成员之间达成谅解和共识，才能共同克服困难、增强凝聚力，推动团队不断向前发展。这种在困难中形成的团队凝聚力往往是最为坚固和持久的。

第三节　高校科研团队创造力的形成与评价

一、高等学校科研团队创造力的形成

（一）高等学校科研团队创造力形成的自组织机制

1. 高校科研团队创造力形成的自组织特征

高校科研团队创造力系统是一个随时间不断演变且内部高度复杂的动态系统，其显著特征在于非平衡性和异质性。这种非平衡性不仅体现在团队资源分布不均、子系统发展不同步等方面，还深刻反映在创造主体的多样性上，即团队成员在性别、年龄、职称、知识背景、技能、经验及工作风格上的差异。此外，创造过程的异质性，包括成员在创造性思维和创新实践活动中的不同路径，以及创造成果的多样性，如显性知识成果和隐性知识成果的不同表现形式，共同构成了团队创造力的丰富内涵。

系统内部各要素间的非线性相互作用是推动团队创造力发展的关键。这种相互作用不仅体现在团队成员创造力、团队整体创造力与外界环境之间的动态平衡上，还反映在创造主体、创造过程、创造成果与外部环境之间的反馈机制中。尤为重要的是，科学研究过程中的知识获取、转化、整合、创造、共享与扩散等环节的协同作用，这些环节的紧密配合与相互促进，形成了推动团队创造力提升的非线性动力。

在高校科研团队创造力的演进过程中，内外涨落因素起着至关重要的作用。内涨落源自团队内部，包括个体层面如人格特征、思维风格、动机、知识增长等方面的变化，以及团队层面如组织结构、知识共享行为、内部规范、凝聚力、项目任务特性、冲突互动、领导行为和激励机制等方面的调整。而外涨落则主要受到组织外部环境的影响，如知识创新氛围、组织目标、文化、结构等方面的变迁。这些因素相互作用，既可能为团队创造力的发展带来机遇，也可能构成挑战，要求团队具备高度的适应性和灵活性，以有效应对各种变化，推动团队创造力持续提升。

2. 高校科研团队创造力形成的自组织机制

高校科研团队的创造力展现了一种自组织的特性，这意味着团队内部的创造力系统能够无须外部指令，而是通过团队内部创造主体与创造过程的相互作用，自发地适应并应对外部环境的变化，从而实现团队的持续发展和创新。这种自组织演化是基于团队创造力系统自身的运动规律和特定条件自然形成的。

高校科研团队创造力系统的每一次演化都是对原有系统稳定性约束的突破。这种突破主要受到三个方面的因素影响：

首先，创造主体的素质提升和科研实力增强是关键。创造主体的知识结构、思维风格、人格特质和合作动机都在不断发展和变化。合理的知识结构有助于新知识的同化和新观点的形成；思维风格的调整能够提升创造能力；创造性人格的提升则鼓励团队突破传统模式，勇于探索新知识；而合作动机的变化则能激发团队的互动和合作，推动团队从静止状态转向活跃状态。

其次，创造过程的不断变化和更新也是重要驱动力。创造性思维活动在科研团队中发挥着核心作用，它决定了团队创造力的发挥和创造成果的形成。创造性思维能力的强弱直接影响团队的创造水平的高低，这种能力涵盖了多种思维方式的有机结合，共同推动着创造性思维的不断发展。

最后，外界环境的剧烈变化对团队创造力的影响不容忽视。当外部环境发生变化时，团队需要打破原有的思维和行为惯性，通过团队学习和知识分享来适应新环境。团队需要获取新的资源配置、知识创新和环境创造的知识，并据此重新构建和整合团队资源，形成新的创造力系统。随后，团队将运用这一新的创造力系统进行知识创造活动，并在与环境的互动中检验其与环境变化的匹配程度，从而进行必要的资源配置和能力调整。

高校科研团队的创造力系统通过自组织演化不断适应外部环境的变化，实现团队的持续创新和发展。这一过程既依赖于团队内部创造主体和创造过程的相互作用，也受到外部环境变化的深刻影响。

（二）高等学校科研团队创造力形成的影响因素

1. 高等学校科研团队创造力形成的主体因素

团队创造力的形成是一个复杂而多维的过程，其核心主体涵盖团队普通成员与团队领导两个关键层次。团队成员的异质性，作为影响团队创造力的重要因素，体现在多个维度上，包括种族、年龄、性别等自然属性的一般异质性，以及经验、教育背景、工作经历等反映个体知识结构和专业能力的专长异质性。这种异质性不仅丰富了团队的多样性，更为团队内部带来了多元化的视角和思维方式。在团队知识创造的过程中，这些异质性的元素如同一把把钥匙，能够打开团队成员灵感的大门，促进信息、观点、认知和价值观的深入交流与碰撞，从而激发团队的创新潜能，推动团队创造力的不断提升。

在团队领导层面，其领导行为对团队创造力的形成同样具有深远影响。领导魅力，作为团队领导的一种无形力量，源自领导者令人敬重的人格特质和优秀品质。当团队领导展现出高尚的道德情操、卓越的领导能力和深远的战略眼光时，他们便成为团队成员心中的楷模和榜样，能够激发团队成员的认同感和归属感，促使他们积极效仿并追随领导者的步伐。此外，团队领导还需具备强大的获取支持的能力，这包括对内凝聚团队力量，对外争取资源支持，为团队的知识创造活动提供坚实的智力支持和组织保障。通过有效的资源整合和外部合作，团队领导能够提升团队成员的满意度和工作积极性，进一步激发他们的创造力和创新行为。

团队领导在团队知识创造过程中扮演着至关重要的角色，他们不仅是团队文化的塑造者，更是团队创新动力的源泉。通过展现个人魅力、引领团队变革、激发成员潜能，团队领导能够深刻地影响团队成员的价值观、理想和士气，促进团队内部的变革与创新氛围。在团队领导的带领下，团队成员能够更加清晰地认识到自身工作的重要意义，从而激发出他们更高层次的需求和动力，为团队的共同目标而努力奋斗。同时，团队领导还需致力于构建相互信任的团队氛围，鼓励团队成员为了团队的整体利益而牺牲个人利益，共同推动团队创造力的不断提升，实现团队与个人的共同发展。

2. 高等学校科研团队创造力形成的客体因素

团队任务是塑造高等学校科研团队创造力的核心外部因素，其中任务的复杂性和自主性对团队创造力的激发尤为关键。任务的复杂性不仅挑战了团队成员的认知边界，还促使他们积极寻求合作，通过相互学习、交流和请教，他们将其他成员的隐性知识转化为显性知识或作为个人隐性知识储备，为未来的知识创造奠定基础。这种复杂性不仅促进了团队成员间的知识共享与整合，还激发了他们的创造性思维。另一方面，任务的自主性赋予了团队成员更大的决策权，使他们能够摆脱固定的工作时间、进度和方法的束缚，根据自身情况灵活安排工作，从而极大地激发了他们的工作积极性和创造力。这种自主性不仅让团队成员能够充分发挥个人潜能，还促进了更多创新想法的涌现。

团队任务的特征不仅影响着团队的结构、运作过程和功能，还定义了每个成员在团队中的角色、合作知识创造的方式，以及他们单独或共同执行任务的具体性质和流程。因此，合理设计和分配团队任务，对于提升高等学校科研团队的创造力至关重要。通过精心构建既复杂又具自主性的任务，可以最大限度地激发团队成员的潜能，促进知识创造与团队创新的协同发展。

二、高等学校科研团队创造力的评价

（一）高等学校科研团队创造力的评价指标体系

1. 高等学校科研团队创造力的评价指标体系的原则

（1）科学性原则

在构建高校科研团队创造力评价体系时，科学性原则是基石。这意味着评价指标的选择与评价方法的应用必须紧密贴合高校科研团队创造力的实际特点，既要确保所选指标能够全面、准确地反映团队创造力的核心要素，又要避免指标间的重叠与遗漏，确保评价体系的系统性和逻辑性。同时，指标应具有代表性，能够精准捕捉团队创造力的关键方面，使评价结果既客观又公正。此外，评价方法的选用也应遵循科学规范的原则，确保评价过程的透明度和可重复性，为高校科研团队创造力的提升提供坚实的数据支撑。

（2）层次性原则

鉴于高校科研团队创造力是一个多维度、多层次的复杂系统，其评价工作必须遵循层次性原则。这意味着在评价过程中，需要采用一种结构化、系统化的方法来全面剖析团队创造力的各个方面。构建包含目标层、准则层和指标层在内的多层次评价指标体系，可以更加深入地理解团队创造力的内在结构和运作机制。目标层明确了评价的总体方向，准则层则进一步细化了评价的具体维度，而指标层则提供了具体的量化指标来衡量团队创造力的实际水平。这种层次分明的评价体系有助于更全面地揭示高校科研团队创造力的本质规律，为团队发展提供有针对性的指导。

（3）动态连续性原则

高校科研团队创造力的提升是一个持续不断的过程，因此，在构建评价体系时，必须充分考虑其动态性和连续性。这意味着评价指标的选择不仅要反映团队创造力的当前状态，还要能够预测其未来发展趋势。通过结合静态指标和动态指标，可以实现对团队创造力现状的全面评估，并预测其未来的发展方向。静态指标主要用于衡量团队创造力的当前水平，如科研成果的数量和质量等；而动态指标则关注团队创造力的变化趋势，如科研投入的增长率、创新成果的产出效率等。这种动态与静态相结合的评价体系有助于更全面地了解团队创造力的实际状况，并为团队未来的发展规划提供有力的数据支持。

2. 高等学校科研团队创造力的评价指标体系的构建

（1）团队创造力主体的评价指标

在评估高校科研团队的创造力时，我们需从多个维度出发，全面考量团队创造主体的各项指标。首先，团队创造主体作为团队创造力的源泉，其构成涵盖了团队成员与团队负责人两大核心要素。针对团队成员，我们需关注其创造素质，这包括团队思维风格、创造性人格以及创造动机等内在特质，这些特质直接关联到成员在创造性活动中的表现与贡献。同时，团队成员所掌握的知识领域与专业技能也是不可忽视的评估维度，其专业背景的多样性、专业知识的精通程度以及专业技术水平的熟练与先进程度，均能够对团队创造力的形成与发展产生深远影响。

进一步，对团队负责人的能力素质进行深入评估同样至关重要。作为团队的领军人物，团队负责人需具备把握团队战略发展的能力，这要求他们具备对学术前沿的敏锐洞察力、对团队资源的合理配置能力以及对科研进度的精准把控能力。此外，团队负责人还需具备获取外部支持的能力，这包括调动社会资源、协调人际关系以及树立团队良好外部形象等多方面的能力。最后，学术威望及信誉度作为团队负责人个人品牌的重要组成部分，也是评估其能力素质不可或缺的一环，这涉及团队负责人的职称、学术成就、学术经历以及同行评价等多个方面。

对高校科研团队创造力的评估应全面涵盖团队成员的创造素质、知识领域与专业技能，以及团队负责人的能力素质等多个方面。通过构建科学合理的评估指标体系，我们能够更准确地把握团队创造力的现状与发展趋势，为团队的创新与发展提供有力支持。

（2）团队创造过程的评价指标

①团队创造过程的指标构成

团队创造过程是一个复杂而连续的动态序列，它涵盖了从创意萌芽到成果实现的每一个关键环节。这一过程不仅具有鲜明的操作性和现实性，还呈现出反复迭代的特点。为了全面理解团队创造过程，我们可以从心理学和时空两个维度进行深入剖析。从心理学维度看，团队创造过程是个体心智活动的外在体现，特别是创造性思维从萌发到成熟的全过程。而从时空维度出发，团队创造过程则聚焦于特定问题的解决路径，包括问题识别、方案构思、评估选择、实施反馈等一系列连续步骤。这些步骤共同构成了团队创造性活动的完整链条。

②团队创造过程的指标解释

A. 团队创造性活动的开展效果：这一指标主要衡量团队在创造性活动方面的实际成效。具体而言，它涵盖了群体决策活动的有效性、团队学习活动的质量、团队知识资源的运作效率以及团队创造方法的运用情况等多个方面。群体决策活动能够促进团队成员之间的思想碰撞和统一思考，从而激发新的创意和灵感。团队学习活动则通过持续的知识获取和行为改善，不断优化团队的知识体系，提升团队的整体创造力。团队知识资源的有效运作和创造方法的灵活运用，则是确保团队创造活动顺利进行的关键。

B. 团队创造性思维的运用效果：创造性思维是团队创造活动的核心驱动力。这一指标主要关注团队在创造性思维方面的流畅性、变通性和新颖性。流畅性反映了团队成员思路的敏捷度和联想的丰富度，是团队快速响应和产生多样观点的基础。变通性则要求团队能够打破常规思维，从多角度、多方向灵活思考，以应对复杂多变的科研挑战。新颖性则是团队创造性思维的最高追求，它鼓励团队以前所未有的视角和观念去探索未知领域，创造出具有独特价值的成果。

C. 团队任务的探索性深度：这一维度用以评估团队所肩负任务的复杂程度与挑战性质。它不仅考量科研项目本身的难度级别，还融入团队成员在攻克任务时对复杂性的个体感知。科研项目的复杂性可以通过项目的规模、层次、数量以及所取得成果的影响力等多重因素来综合衡量。团队成员在执行任务时的自主性与创新性，则通过科研项目完成的自主性程度来体现。当团队成员享有较高的工作自主权时，他们能够更充分地发挥个人主观能动性，积极主动地探索新知识、新技术及新方法，有力推动团队创新活动的持续深化。这种高度的自主性不仅能够点燃团队成员的工作激情，还能有效促进团队内部知识的融合与创新，显著提升团队知识创造的速度与质量。

（3）团队创造成果的评价指标

①团队创造成果的指标构成

团队创造成果是高校科研团队在科研活动中所形成的综合性产出，它不仅体现了团队的科研实力，也是团队创造力的重要外在表现。这些成果可以分为显性成果和隐性成果两大类。显性成果通常包括学术论文、研究报告、专著、专利以及软件等，它们是可以被明确记录和量化的成果形式。而隐性成果则涵盖了团队在科研过程中产生的新颖想法、观点以及理论知识等，这些成果虽然难以直接量化，但对于团队科研能力的提升和团队创新氛围的营造具有重要意义。

高水平的科研团队每年都能产出大量的显性成果，这些成果不仅在学术界具有广泛的影响力，而且往往能够为企业、政府和高校等实际应用领域提供有力支持，产生显著的经济效益或管理效果。在国家级和省部级的评奖中，这些团队也屡获殊荣，进一步彰显了其科研实力和社会影响力。此外，通过对团队创造成果发展潜力的评估，我们可以更加清晰地了解团队创造力的发展路径和方向，为团队的未来发展提供有力指导。

为了全面评估团队创造成果，我们需要从成果的数量、质量和发展力三个方面进行考量。成果数量反映了团队的科研产出能力，而成果质量则体现了团队科研工作的深度和广度。同时，成果的发展力则是判断团队未来科研潜力的重要指标，它能够帮助我们预测团队在科研领域的持续发展能力。

②团队创造成果的指标解释

一是，成果获得的情况。这一指标主要衡量团队在科研活动中所取得的显性成果数量和质量。我们可以从人均获授权的专利数量、人均发表论文的数量和质量、人均出版著作的数量和质量以及团队知识、经验、技巧的丰富程度等多个维度进行评价。其中，人均获授权的专利数量反映了团队在技术创新方面的实力；人均发表论文的数量和质量则体现了团队在学术研究领域的贡献和影响力；人均出版著作的数量和质量则展示了团队在学术积累和传播方面的成果；而团队知识、经验、技巧的丰富程度则揭示了团队在科研过程中的内在积累和成长。

二是，成果的影响力。这一指标主要关注团队科研成果对他人、组织和社会所产生的实际作用和影响。我们可以通过人均获国家级和省部级科研奖励的情况、论文被重要检索机构收录的人均情况以及论文或专著被引用次数的人均情况等多个方面来评估成果的影响力。这些指标不仅反映了团队科研成果的认可度和影响力，也体现了团队在科研领域的领先地位和学术贡献。

三是，成果的发展力。这一指标主要判断团队科研成果在未来的发展前景和潜力。我们可以通过研究主题的变化程度和合作研究的变化趋势来评估成果的发展力。研究主题的变化程度反映了团队在科研领域的探索和创新能力，而合作研究的变化趋势则揭示了团队在科研合作方面的稳定性和发展潜力。这些指标有助于我们了解团队科研成果的未来走向和发展趋势，为团队的科研规划和决策提供重要参考。

（二）高等学校科研团队创造力的评价方法

在评估高校科研团队创造力时，我们面临一个复杂且多维度的挑战，因为涉及的评价指标众多，且这些指标在测评方法和过程中存在显著差异。为了确保评估的准确性和有效性，我们必须根据具体的测量需求和目标，精心选择最合适的测量与评价方法。

对于涉及心理学范畴的指标，如团队思维风格、创造性人格、创造性动机，以及创造性思维的流畅性、变通性和新颖性，我们可以采用心理测验法进行评估。这种方法通过设计一系列标准化的心理测试题目，来量化这些难以直接观察的心理特质。心理测验法不仅能够帮助我们深入了解团队成员的内在心理特征，还能为团队创造力的提升提供科学依据。

对于学术成果研究主题的变化趋势和合作研究的变化趋势，我们可以借助知识图谱和社会网络分析法进行评估。知识图谱通过可视化手段展示科学知识的发展进程和结构关系，有助于我们识别学科前沿、分析学术群体的合作模式。而社会网络分析法则通过构建和分析科研人员之间的合作网络，揭示科研合作关系的动态变化，评估科研人员的产出能力、影响力和团队的整体合作效率。这两种方法相结合，能够为我们提供一个全面而深入的视角，来审视高校科研团队在学术成果和合作研究方面的表现。

在具体操作中，我们可以利用共词分析法来评估学术成果研究主题的变化趋势。这种方法通过对一组关键词在文献中出现的频率进行统计和分析，揭示出这些关键词之间的关联性和学科主题的结构变化。同时，合作网络分析法也是不可或缺的工具，它通过分析科研人员之间的合作关系网络，评估科研团队的合作紧密程度和整体效能。这些方法的综合运用，不仅能够帮助我们更准确地把握高校科研团队在学术研究和合作方面的现状和发展趋势，还能为团队创造力的提升提供有力的数据支持和决策依据。

第四节　高校与科研院所的合作实践

一、高校与科研院所内部控制体系的合作构建

（一）完善高校与科研院所法人考核体系

就内部控制的组织内部而言，其有效性的核心在于管理层的态度与承诺。当管理层深刻认识到内部控制的重要性，并将其视为组织稳健运行的关键保障时，这种信念会如同涟漪般扩散至整个组织，促使每位员工都将遵守既定控制视为己任。相反，若管理层对内部控制持轻视态度，那么整个组织的控制目标便难以得到有效实现，因为内部控制的基石在于全体成员的共识与行动。

在高校和科研院所这一特定环境中，法定代表人作为组织的最高决策者，对内部控制体系的建设、运行及监督负有不可推卸的责任。他们应发挥领导作用，确保内部控制工作机制的有效建立与运行，并明确内部控制工作的责任部门，由其作为推进内部控制工作的核心力量，同时协调其他部门积极配合，形成统一指挥、协同作战的良好局面。高校和科研院所的法定代表人还需对单位层面和业务层面主要业务的内部控制的最终建立和有效运行负责，因为这是衡量内部控制体系成功与否的关键标志。

然而，当前对高校和科研院所法人的考核体系多侧重于科研进展、招生就业、人才引进等显性指标，而对内部控制这一关乎组织长期稳健发展的隐性要素重视不足。为纠正这一偏差，有必要将内部控制建设纳入高校和科研院所法人考核的标准体系，并与其年薪直接挂钩。具体而言，可以建立一套内部控制建设水平评价（评分）体系，通过量化评估高校和科研院所的内部控制建设情况，结合年度内部控制报告，由高校和科研院所自评后，再由社会中介机构和上级单位共同审核确认其内部控制评价得分。这一得分将直接影响法人的年薪发放，例如，最终经允许发放的法人年薪将依据“原核定年薪×内部控制评价得分÷100”的公式计算得出。

此举旨在通过利益关联机制，激发高校和科研院所法人对内部控制建设的重视与投入，从而推动内部控制体系不断完善，为组织的长期稳健发展提供坚

实保障。同时，这也将有助于提升高校和科研院所的管理水平和风险防控能力，为其在科研创新、人才培养等方面创造更加有利的内部环境。

（二）优化提升内部控制的风险评估机制和载体设计

为了全面、客观且公正地评估高校与科研院所经济活动中的潜在风险，并有效应对内部控制可能存在的不足之处，进而真实反映其内部控制的基础状况，积极引入专业的第三方社会中介机构进行风险评估显得尤为重要。这些机构以其高度的专业性和客观性，能够深入剖析并全面识别高校与科研院所内部控制中的薄弱环节及潜在风险，特别是在规避内部人员干扰的前提下，更能公正地揭露单位及业务层面可能潜藏的重大风险，尤其是与内部权力集中紧密相关的业务和岗位风险。

对于内部审计部门或纪检监察部门财会专业人才匮乏的高校与科研院所而言，聘请专业的第三方社会中介机构参与内部控制的评价与监督工作尤为关键。这不仅能够显著提升内部控制评价与监督的专业水准和准确性，还能确保评价结果的客观性与公正性，为内部控制的强化提供有力支撑。

为进一步巩固内部控制体系，确保其流程的高效运行，高校与科研院所应构建常态化的风险评估机制。这意味着要将单位经济活动风险评估与内部控制评价纳入内部控制的周期性常规工作之中，通过运用多元化的风险识别与分析手段，不断加强对风险评估结果的运用，从而推动内部控制体系的持续优化与升级。

同时，为提升管理效率、降低管理成本，高校与科研院所的上级主管部门应统一规划并部署内控信息系统。该系统需实现单位层面与各业务部门层面风险点的有效整合，以及与各信息化管理系统的无缝对接，确保单位内部各部门数据的互联互通。如此，不仅能大幅减少人工操作与线下管理的工作量，提高管理效率，还能使上级主管部门更加便捷地获取各二级单位的内控数据，为监督检查提供有力支持。此外，通过发挥群体优势与集体力量，还能有效降低各高校与科研院所自行研发部署内控信息系统的巨额成本。当然，在统一部署内控信息系统的过程中，也应充分考虑不同单位之间的业务差异，为系统预留足够的个性化调整空间，以满足各单位的特殊需求。

（三）优化内部控制的体系建设

高校与科研院所应当致力于构建一个全员投入、全面渗透的内部控制环境，通过多渠道广泛宣传内部控制政策文件，切实增强全体成员，尤其是教学科研人员对风险防范的深刻认识。同时，需定期组织内控工作业务培训，不断提升相关人员的专业素养与业务能力，确保内部控制工作能够得以精准高效地实施。在此基础上，还应大力加强廉政与创新文化的建设，积极营造遵纪守法、廉洁奉公、相互包容、彼此欣赏的良好氛围，为内部控制工作的有效推进提供坚实而深厚的文化基石。在科研诚信建设方面，高校与科研院所应着重完善相关制度，构建健全的科研信用体系，不仅要加强教师和科研人员的诚信教育培训，还应积极探索并建立涵盖教育机构及其从业人员、教师、学生以及科研机构、科技社团、科研人员的全方位信用评级制度。通过内部控制信息系统，全面细致地记录各类失信与违规行为，并利用多元化平台加大违法违规信息的公开披露力度，以此有力强化科研诚信，推动科研活动实现健康可持续的发展。

值得注意的是，我国行政事业单位在内部控制领域的研究起步较晚，尤其在控制环境、风险评估、控制活动等方面仍有待进一步完善。面对新形势，高校和科研院所全面推进内部控制建设面临诸多挑战，但这也是推动组织规范化、科学化管理的必由之路，任务艰巨且意义深远。

二、高校与科研院所合作培养学生的思政教育

（一）充分发挥导师与学工队伍在联合培养研究生中的协同作用

第一，明确界定“双导师制”下的职责范围。在研究生联合培养体系中，导师作为研究生培养的首要责任人，其职责不仅限于专业知识的传授与指导，还应涵盖思想政治教育。对于实施“双导师制”的联合培养模式，专业培养与思政教育的职责分工应更加清晰。具体而言，可以根据研究生的学习阶段和所在培养单位，明确界定两位导师（高校导师与科研院所导师）的职责边界。在研究生处于某一培养阶段时，该阶段的导师应作为主要负责人，而另一位导师则作为共同责任人，共同承担研究生的专业学术培养及思想政治教育工作。这种分工合作的方式有助于实现“育学”与“育人”的有机结合，从而更好地落实立德树人根本任务。

第二，细化双方辅导员的工作职责与沟通机制。在联合培养研究生的过程中，高校与科研院所应各自配备辅导员，并建立有效的沟通联络机制。辅导员的工作职责应进一步细化，以确保思想政治教育工作的全面覆盖和深入实施。

考虑到联合培养研究生的特殊性和教育规律，辅导员应由具备相关专业知识背景的教师担任，以实现专业互通和性格互补，从而更有效地开展思想政治教育工作。同时，根据分段培养的特点，双方辅导员应合理分工，共同承担研究生的思政教育工作。

第三，强化导师与辅导员的协同育人作用。导师和辅导员在研究生培养过程中扮演着不可或缺的角色。导师主要负责通过教育教学和学术指导来引领研究生的成长和成才，而辅导员则通过政治学习、组织活动、生活关怀和心理辅导等方式开展思政教育工作。由于两者的工作对象相同且任务有所重叠，因此应建立起资源共享、信息互通的机制，以实现优势互补和合力育人。通过加强导师与辅导员之间的沟通与合作，可以共同推动研究生的全面发展。

（二）构建高效协同的工作机制，全面保障联合培养研究生的思想政治教育质量

针对高校与科研院所联合培养研究生过程中可能出现的职能重叠、沟通不畅及责任盲区等问题，必须建立一套高效、协同的工作机制，以确保思想政治教育的连贯性和有效性。与学术培养体系相似，思想政治教育也需从制度设计层面强化单位间的沟通协调与相互监督，从而真正实现全程育人、全方位育人的目标。

要畅通并优化双方研究生思想政治教育工作的沟通渠道与机制。通过定期召开联合培养工作例会、发布工作简报及建立信息共享平台等方式，加强双方在研究生思想政治教育方面的深度交流与合作。在党团建设方面，可以探索建立跨单位的党支部，采用灵活多样的纵横交叉设置模式，鼓励师生共同参与、共同管理。党支部书记应选任具有丰富经验和威望的学术带头人担任，以实现党建与学术工作的深度融合、协调发展，形成育人合力。

在完善的沟通机制基础上，需制定一系列配套的工作机制，以支持研究生思想政治教育工作的顺利实施。这些机制应涵盖奖助学金评选的公正性保障、双导师选拔的严格标准、心理干预与辅导的及时有效、就业创业指导的全面性等关键环节。同时，应邀请双方单位的导师和管理人员共同参与机制的制定与实施，确保机制的科学性、实用性和可操作性。通过提升联合培养研究生思想政治教育工作的重视程度和整体效益，以学生为中心，切实增强其对思想政治教育的认同感、归属感和接纳度。

（三）改革创新研究生思想政治教育形式与方法，着力提升教育效果

首先，要将“课程思政”理念深度融入研究生课程体系之中。在加强高校思想政治工作的过程中，应充分发挥课堂教学的主渠道作用。除了加强思想政治理论课的系统性和针对性外，还应鼓励其他各门课程主动承担思政教育的责任，与思想政治理论课形成相互补充、相互促进的协同效应。对于联合培养研究生而言，应充分利用“双导师制”的独特优势，高校的专业课导师不仅要将“课程思政”理念融入专业课程的教学之中，还应不断提升自身的思政素养和育人能力，实现专业知识传授与思政教育的有机融合；科研院所的导师则应积极发挥在“课程思政”教学实践中的引领作用，不断提升自身的育人本领和综合素质，为研究生的全面发展提供有力支持。

其次，要充分利用新媒体的优势和特点，创新思想政治教育的形式和方法。鉴于研究生群体具有较高的知识水平、思维能力和媒体运用能力，应积极探索新媒体在思想政治教育中的新应用、新路径。通过微信、微博等网络学习和社交平台，实现信息的快速传递与高效交流，打破传统教育的时空限制和被动模式。在虚拟环境中，可以运用多样化的信息交流方式，如在线讨论、视频分享、互动问答等，拉近师生之间的距离，使思想政治教育更加贴近学生、贴近生活、贴近实际，从而增强教育的吸引力和感染力。特别是对于分段联合培养的研究生而言，这种新媒体教育方式能够跨越地域和时间的限制，实现教育资源的共享和优化配置。

最后，要不断丰富研究生思想政治教育的形式和内容，提高其针对性和实效性。针对研究生群体学业压力大、科研任务重、科技创新特点鲜明的特点，思想政治教育活动应充分考虑这些因素，实现内容与形式的有机结合。通过结合理论与实践、思想政治教育与学术培养、党团活动与学术活动等多种方式，激发研究生参与活动的积极性和主动性。同时，根据联合培养研究生的分段培养特点和实际需求，可以增加低年级与高年级之间的互动环节，如学术论坛、经验分享会、项目合作等，以学术促进思政教育的发展，同时以思政教育带动学术研究的深入。通过不断拓宽育人渠道、丰富育人载体和提高联合培养研究生的思想境界，开展形式多样、内容丰富、效果显著的思想政治教育活动，为研究生的全面发展提供有力的思想保障和精神动力。

三、高校与科研院所科教融合协同育人的研究

（一）高校与科研院所科教融合协同育人的要素

1. 育人协同：科教融合的核心使命

科教融合作为一种先进的教育理念与实践模式，其核心目标在于通过深度融合教育与科研资源，实现更高效、更高质量的人才培养。在这一过程中，育人协同成为贯穿始终的核心要素。高等学校以其深厚的办学底蕴、丰富的教育资源以及全面的学科覆盖，为人才培养提供了坚实的基础。而科研院所则凭借其在特定科研领域的深厚积累和前沿探索，为人才培养注入了强大的创新动力。

校所共建科教融合学院，是教育与科研深度融合理念的鲜活实践。它依托高等学校与科研院所的各自优势，围绕特定优势学科专业，精心打造了一个集教育培养与知识创新功能于一体的新型共同体。这一合作模式在确保学生招生、学籍管理、毕业及学位授予等各个环节规范统一的基础上，更通过双方人员的深度交融与紧密合作，共同把关学位授予等核心环节，为高质量人才培养提供了全面而有力的支撑。在此过程中，高校内部资源得到了高效整合与广泛共享，传统学科、专业及课堂的壁垒被打破，一个更加开放、多元、灵活的人才培养新体系应运而生。这种强强联手、优势互补的合作新模式，不仅极大提升了高等学校的人才培养质量与科研创新能力，也为科研院所注入了更为充沛的人才活力与创新灵感，共同助推了源头创新能力的跃升与飞跃。

2. 资源协同：科教融合的坚实基础

资源协同作为科教融合的基础，强调将高等学校与科研院所的资源进行有效整合与共享，以形成强大的资源合力。这要求双方打破传统的“点式”合作模式，实现资源的深度共建、共治与共享。在这一过程中，科研院所的导师与科研平台成为连接双方的重要桥梁，通过人才培养、合作研发、教师互聘等多种方式，推动优质科研资源向教学资源的转化，实现资源的最大化利用。

同时，以科教融合学院为载体，高校与科研院所共同构建起一个集开放、多样、灵活、高效于一体的协同创新机制。这一机制不仅促进了双方资源的有效对接与融合，还推动了科教协同主体与其他主体之间的深度合作与交流，为

科教融合提供了坚实的资源保障。

3. 组织协同：科教融合的重要保障

组织协同作为科教融合的核心保障机制，着重强调合作双方需构建起一种高度组织化、紧密合作的全新模式。这一模式不仅突破了传统科教结合方式的局限，更将合作重点聚焦于机构间、部门间的深度联动与协同作业。通过携手共建科教融合学院，双方能够在学科建设、人才培养方案规划、课程体系构建等核心环节上实现资源的深度整合与高效共享，为科教融合奠定坚实基础。

与此同时，共同治理科教融合学院成为组织协同不可或缺的一环。合作双方需共同参与学生管理、学院日常运营等各项工作，确保学院能够平稳运行并持续健康发展。这种协同治理的模式不仅促进了双方资源的优化配置与高效利用，还有力推动了平衡治理结构的形成，为科教融合提供了坚实的组织保障。在此过程中，高层管理的坚定支持、人力资源的科学配置、信息交流的顺畅无阻以及冲突解决机制的完善健全等关键要素，均发挥着举足轻重的作用。这些要素相互交织、共同作用，为科教融合的成功实施提供了强有力的支撑与保障。

（二）高校与科研院所科教融合协同育人的建议

1. 深化学科交叉融合，激发协同创新动力，构建资源共享生态

为了促进学科间的深度交叉与融合，我们需要构建一个集教学、科研于一体的科研教学体系。这包括完善交叉学科学生管理制度，确保学生在跨学科学习过程中能够得到充分的支持和指导。同时，加快科教融合中学科交叉共享课程的建设，推动课程内容的持续更新，以满足不断变化的教学需求。新型课程群的建设应围绕综合性、问题导向和学科交叉等原则展开，确保学生不仅能够掌握基础知识，还能及时接触到学科研究的新进展、技术发展的新经验以及社会需求的新变化。

为了有效激发学校与科研院所之间的合作潜能，我们应当积极推动双方协同创设跨学科的教学科研岗位，并构建一套高效灵活的流动机制，以有力促进不同学科背景的教学科研人员之间的深度交流与合作。同时，通过不断优化校内教师的兼职兼聘政策，为教师开展跨学科、跨领域的高水平教学科研工作提供坚实支持。在此基础上，我们还应完善交叉研究成果的认定与激励机制，充分调动教师投身于前沿探索和重大应用问题交叉研究的积极性与创造力。

为进一步强化跨学科合作的激励效应，我们应深入挖掘并充分释放科研院所与高等学校科研人员的创新潜能，通过互派优秀人才担任专兼职导师、联合开展科研攻关等方式，促进科学研究与人才培养的深度融合与协同发展。此外，我们还需大力加强高端人才的引进与培育工作，采取“内培外引”相结合的策略，着力打造一支具备卓越创新能力的师资队伍。通过联合举办年度科教融合研讨会、高水平学术会议及科技论坛等多样化活动，我们可以进一步密切双方的科技创新合作关系，共同营造一个和谐共生、充满活力的学科发展生态。特别是要充分利用科研院所的创新资源优势，不断提升院校师资的创新意识与实践能力，为学校的可持续发展奠定坚实的人才根基。

2. 创新合作机制，优化组织结构，实现组织层面的深度协同

高等学校与科研院所作为各具特色的独立组织，在携手合作的过程中难免会遭遇组织结构差异与文化理念碰撞的挑战。为了克服这些障碍，充分发挥双方组织系统的协同效应，我们必须积极探索创新合作机制，并不断优化组织结构。在共建科教融合学院的实践中，我们应充分利用国家创新平台资源和政府支持，积极拓展与国内外其他高校及科研院所的交流与合作，通过深度融合创新链、人才培养链与产业链，加速知识成果转化，共同提升科研实力与创新能力。同时，为了构建以学生为中心、个性化发展的培养方案与管理模式，我们需要联合科研机构、行业企业以及政府部门，共同组建专业建设指导委员会，合作申报国家及地方研发项目，整合双方优势资源，共同承担科研任务，打造多方协同的人才培养与科学研究高地。此外，我们还需建立健全联席会议制度，定期沟通交流，推动特色互补的研究与教育资源共享，并设立专门的校院所联络机构，主动挖掘合作潜力，协调科研发展、高端人才引进与培育以及人才培养等各项具体工作。最终，为了进一步深化高等学校与科研院所的合作，推动双方的创新发展，我们应携手共建创新研究平台，如联合实验室，并积极联合申报国家及地方重点实验室、工程研究中心等，为交叉学科与新兴技术的孕育提供肥沃土壤，为学校的科研创新注入强大动力。

3. 优化培养模式，深化知识体系，构建教学协同新机制

高等学校与科研院所，作为教育与科研领域的两大支柱，各自秉持独特资源与优势，同时肩负着差异化的绩效使命，这使得校所合作中的协同目标呈现出多元化的特点。为了高效整合双方资源，共同培育出创新型与复合型人才，我们必须秉持全面参与、深度合作、协同创新的核心理念。

高等学校应当主动出击，积极探索与科研院所的深度融合路径，大力推行

“三早”育人新模式，即鼓励本科生提早进入课题、融入团队、迈进实验室。这一模式旨在让学生更早地浸润在科研实践中，亲身参与导师课题组的深度研讨，协助开展基础科研工作，从而有效锤炼学生的科研技能与创新思维。同时，通过个性化的悉心指导，激发学生的自主学习热情，促进其深度学习，引领学生在知识与能力上实现全面发展。

与此同时，高等学校还需全面推动课堂教学的革命性变革，彻底颠覆传统的教学模式，积极引入探究式、参与式等新型教学方法。这种互动式的教学模式将彻底打破单向知识灌输的束缚，让课堂成为思想交流、智慧碰撞的活力空间。教师不仅要全程参与学生的招生、培养、就业等各个环节，为学生的全面发展提供有力支持，更要充分利用科研院所的科研优势，将最新的研究成果及时融入教学内容，有力推动研究性教学模式的革新，从而全面培养学生的创新创业精神与实践能力。

4. 遵循综合优化原则，注重动态调整，深化育人协同机制

在构建科教融合体系并推动人才培养方式改革的征途中，我们务必将科教融合体系与时代大环境视为一个紧密相连、不可分割的整体系统。这要求我们在每一步改革探索中，都必须深入洞察并紧密贴合整体环境的变化，全面考量教育行政部门、高等院校、科研院所、企业、导师及学生等多方主体的相互作用与深远影响。特别是在对科教融合体系进行动态调整与优化的过程中，我们需秉持全局性的战略视野，着力推动体系的有序化演进与内生化发展。科教融合体系绝非各构成要素及子系统功能的机械叠加，而是一个蕴含着独特整体功能的复杂巨系统。因此，在制度设计的层面上，我们必须以整体性原则为根本遵循，坚持科学与实践的双重导向，高度重视体系的层次性构造与动态性发展特征。

在科教融合学院的建设与运营实践中，我们应全面把握各组成要素间的动态关联与作用机理，积极推动各要素的自我发展与协同进化。同时，针对不同学科领域的独特属性以及各类科研院所、企业的多样化特征，我们应着重强调科教融合体系要素间动态结构的构建与相互作用关系的优化。在持续的探索与实践中，我们应坚定不移地遵循“实践－认识－再实践－再认识”的科学认识论方法，不断总结经验、提炼教训，以实践为引领，以认识为深化，持续推动科教融合体系的迭代升级与蓬勃发展。

四、高校与科研院所开展科教融合协同策略

（一）高校与科研院所开展科教融合协同的思路

科教融合协同创新意义深远，它旨在通过深度融合科研与教育两大领域，充分发挥科研机构与教育机构的各自优势，借助协同创新的力量，全面提升应用型人才的培养质量，并加速应用型成果的推广与示范，进而推动我国产业技术的创新与应用，为产业的高质量发展注入强劲动力。为实现这一目标，科教融合协同创新的思路可具体化为以下几个方面：

首先，科教融合必须牢牢把握需求导向与问题导向的核心原则，从国家发展的紧迫需求与长远战略高度出发，紧密聚焦经济社会发展中面临的实际难题，实现教育与社会需求的精准对接，致力于培养出既具备高度适应性又能勇于创新的应用型人才。同时，要直面产业发展中的瓶颈与挑战，通过革新人才培养的模式与方法，依托科教融合协同创新平台，为社会输出创新性的技术解决方案，并培育出理论功底扎实且实践能力出众的复合型人才。

其次，要充分发挥科研与教育的互补优势，对科教资源进行科学配置与优化整合。高校凭借其丰富的学生资源与深厚的学术积累，与科研机构在应用技术开发领域的显著优势相得益彰。因此，需通过创新体制机制，打破既有壁垒，推动双方资源的深度融合与高效共享，以应用型技术人才的培养为核心目标，加速科教资源的协同发展与互利共赢，共同开创发展新局面。

最后，要深入推进科教融合机制的改革，全面激发科技创新的蓬勃活力。针对高校传统培养模式的固有局限，应勇于打破封闭的培养框架，积极引入科研机构的力量，推行开放式的培养模式。通过充分利用科研机构对学生资源的迫切需求，双方携手共育具有扎实实践能力与强烈创新精神的应用型人才。这一模式的成功实施，不仅能够显著提升学生的技术应用能力，还将有力促进科研机构新技术、新工艺的快速推广与示范应用，最终实现科研与教育的协同共进与双赢发展。

（二）高校与科研院所开展科教融合协同的策略分析

1. 构建高效协调机制，推动高校院所科教深度融合

鉴于科教融合工作涉及多个管理部门，且往往触动多方利益，为确保科教融合的有效推进，需建立一个高效、专业的协调机构。我们建议地方政府将科教融合作为重点工作，成立由多部门参与的科教工作领导小组。该小组应定期召开会议，针对科教融合过程中遇到的问题进行深入探讨，出台相关政策文件，为科教融合提供政策指导和支持。

2. 加大专项资金支持，促进科教融合深入发展

为支持高校院所的科教融合工作，地方政府应从增长的预算中划拨出一定金额的专项资金，专门用于科教融合项目的实施。同时，地方政府应建立相应的管理办法和细则，确保资金使用的规范性和有效性。此外，科技管理部门也应在管理的资金中增设科教融合专项，支持地方高校和科研院所开展协同创新合作。

在资金分配和使用上，我们可以参考“产学研”合作项目的做法，对符合科教融合条件的项目给予倾斜支持。这包括支持高校和科研院所共建优势学科、联合开展科研项目等。专项资金的引导和支持，将有效促进科教融合的深入发展，提升区域科技创新能力。

3. 完善人才交流机制，激发科教融合活力

科教融合离不开人才的交流与合作。为此，我们建议制定和完善地方高校导师与科研院所研究人员交流与合作的机制。具体而言，可以出台导师兼职兼薪的相关政策，明确参与科教融合工作的人员可以合法兼职并取酬。这将有助于激励双方人员积极参与科教融合工作，促进知识的共享和创新。

同时，高校和科研院所应在年度绩效考评中充分考虑科教融合协同创新工作的成果。对于在科教融合中表现突出的个人和团队，应给予相应的奖励和表彰。这将进一步激发科教融合的活力，推动科教融合工作的深入开展。

4. 强化政策支持力度，为科教融合提供坚实保障

为了有效促进科教融合工作的深入实施与顺利推进，地方政府需加快步伐，制定并出台一系列全面而细致的支持政策。这些政策应全面覆盖科教融合

的各个环节与层面，旨在构建一个高效协同、资源共享、互利共赢的科教融合生态系统。

首先，针对研究生培养基地的建设，地方政府应深入研究并出台相关政策文件，明确基地建设的基本标准、管理规范及考核评估体系。这些文件需详细阐述基地建设的目标定位、功能布局、资源配置及运营模式，确保基地建设的高质量推进与有效管理。

其次，为提升科研资源的利用效率，政府应积极推动仪器设备的共享机制建设。通过出台相关配套资金设置与管理的政策文件，鼓励并支持高校与科研院所之间实现仪器设备的开放共享。这不仅能够避免资源的重复建设与闲置浪费，还能促进科研合作的深化与科研成果的快速转化。

再次，人才的互动交流是科教融合的关键环节。为此，政府需研究制定相关政策，促进高校与科研院所之间的人才流动与合作。这些政策应涵盖人才交流的激励机制、合作模式、权益保障等多个方面，为双方人员的深度合作与交流提供有力保障。

复次，资源共享机制的建立对于科教融合工作的深入推进至关重要。政府应出台相关政策文件，明确资源共享的具体范围、方式及权益分配原则，确保各方在资源共享过程中能够公平受益、协同发展。

最后，为确保科教融合项目的持续稳定发展，政府还需设立科教融合专项资金，并出台相应的管理办法。这些资金将用于支持科教融合项目的研发、成果转化及市场推广等关键环节，为项目的顺利实施提供坚实的资金保障。

这一系列政策的出台与实施将为科教融合工作提供全方位的政策支持与保障，有力推动科教融合的深入发展，进而提升区域科技创新能力与核心竞争力。

第六章

高校科研团队创造力提升

第一节　高校科研团队创造力的体系构建

一、高校科研团队创造力的相关理论

（一）自组织理论视角下的高校科研团队创造力

德国哈肯提出的“自组织”理论，为我们提供了一种独特的视角来理解复杂系统的演化过程。在高校科研团队创造力这一动态复杂系统中，自组织理论揭示了其从无序走向有序的内在机制。一个典型的自组织系统需具备开放性、非平衡态、非线性相互作用以及内部涨落等特征。首先，系统的开放性意味着它能够与环境进行物质、能量和信息的交换，这对于高校科研团队来说，即意味着要不断吸纳新知识、新技术，与外界保持紧密联系。其次，非平衡态是系统演化的动力源泉，高校科研团队在面临各种挑战和问题时，正是这种非平衡状态激发了团队的创造力和创新能力。再次，非线性相互作用是系统内部各要素之间复杂关系的体现，它促使团队成员在交流、合作中激发出新的思想火花。最后，内部涨落则是系统向更高有序状态跃迁的契机，它可能源于团队内部的某个灵感闪现，也可能源于外部环境的某种刺激。

将自组织理论应用于高校科研团队创造力研究，有助于我们更深入地理解团队创造力的结构特征和内部运行机理。它提醒我们，要提升团队创造力，就需要创造一个开放、包容、鼓励创新的团队文化，同时保持团队的活力和动态平衡，促进成员间的非线性互动，以及善于捕捉和利用团队内部的“涨落”机遇。

（二）合作博弈理论

合作博弈理论为我们分析高校科研团队中成员间的合作关系提供了有力的理论框架。在科研团队中，成员间的合作是团队创造力形成的关键。合作博弈强调集体理性，追求公平与效率，通过达成具有约束力的合作协议，实现团队整体利益的最大化。这种合作不仅能够整合团队成员的个体创造力，还能通过知识协同产生“1 +1 >2”的效应。

在合作博弈的视角下，高校科研团队创造力的形成是一个复杂的博弈过程。团队成员在追求个人利益的同时，也需要考虑团队的整体利益。当合作博弈带来的收益大于非合作博弈时，团队成员更倾向于放弃个人理性而选择集体理性，共同追求团队利益的最大化。这一过程中，有约束力的合作协议和利益的合理分配成为合作能否成功的关键。合作协议不仅确保了合作的顺利进行，还保证了利益的合理分配，避免了利益冲突而导致的合作破裂。

因此，在高校科研团队中，建立科学合理的利益分配机制至关重要。这要求团队在合作之初就明确利益分配的原则和依据，确保每位成员的贡献都能得到公正的评价和回报。同时，团队还需要通过优化组织制度、提升谈判效率等方式，促进合作剩余的合理分配，从而激发团队成员的积极性和创造力，为团队创造力的持续提升奠定坚实基础。

（三）演化博弈理论

演化博弈理论是一种动态分析框架，它聚焦于群体行为随时间推移的调整过程，旨在揭示群体在演化过程中的选择与变异机制，以及这些机制如何共同作用，引导群体达到当前状态。该理论在经济管理和社会科学领域得到了广泛应用，它通过将人类行为与自然界中生物的生存竞争和演化过程进行类比，深入探讨了人类行为策略的形成、均衡状态的追求及动态调整过程。

演化博弈理论的核心包括三个关键要素：首先是“有限理性假设”，它强调博弈参与者在决策时并非完全理性，而是受限于信息不完全和认知能力，因此往往需要通过在博弈过程中的学习和试错来逐步逼近最优策略。这一假设反映了人类在复杂决策环境中的真实状态，即人们通常是在实践中不断摸索和改进策略，而非一开始就拥有完美的决策方案。

其次是“演化稳定策略”（Evolutionarily Stable Strategy，ESS），它描述了一种策略，在这种策略下，除非一个突变策略比原有策略表现得更好，否则会被自然选择所淘汰。这种策略在群体中是稳定的，能够抵御来自突变策略的入侵，是群体演化过程中的一种理想状态。

最后是“复制动态方程”（Replicator Dynamics），它描述了群体中不同策略比例随时间变化的动态过程。这一方程模拟了自然选择的过程，即那些在当前环境下表现更佳的策略会逐渐在群体中占据优势，而表现不佳的策略则会逐渐衰退。通过复制动态方程，我们可以量化分析群体策略的演化趋势，理解群体行为背后的动力学机制。演化博弈理论通过“有限理性假设”“演化稳定策略”和“复制动态方程”这三个核心概念，为我们提供了一个深入理解群体行为演化的强大工具，特别是在复杂多变的社会经济环境中，该理论为我们揭示了人类行为策略的动态调整过程和均衡状态的形成机制。

演化稳定策略是指当博弈双方随机进行配对博弈时，在位种群成员的支付水平超过入侵者的支付水平。每个博弈参与者都有一定（$1-\varepsilon$）的概率遇到选择策略 x 的参与者，当然，它还有一定的 ε 概率遇到入侵者，从而ESS的定义条件为 $[x,(1-\varepsilon)x+\varepsilon x'] > u[x',(1-\varepsilon)x+\varepsilon x']$，其中 ε 是一个极小的正数，$0<\varepsilon<\bar{\varepsilon}$。

复制动态是指使用某一纯策略的人数所占比例的增长与使用该策略所得收益和群体平均收益的差成正比。动态复制的微分方程是

$$\frac{\mathrm{d}x_k}{\mathrm{d}t} = x_k[u(k,s) - \bar{u}(s,s)], \quad k = 1,2,\cdots,n$$

其中，x_k 是一个种群中采用策略 x 的比例；

$u(k,s)$ 表示采用策略 k 时的适应度；

$\bar{u}(s,s)$ 表示平均适应度。

演化博弈理论提供了一种与传统博弈理论截然不同的视角，它并不预设博弈方具备完全理性或掌握完全信息，而是更贴近现实地考虑了决策者在不确定性和有限理性条件下的行为模式。这一理论框架与生物系统的演化过程相类似，也适用于描述高校科研团队创造力在外部环境和内部要素交互作用下随时间推移而不断演化的过程。在这个过程中，团队成员的策略选择是在一个充满不确定性和有限理性的空间内进行的，他们之间的互动和反馈机制持续推动着团队创造力的发展。

具体到高校科研团队创造力的演化分析，我们可以采用有限理性前提下的演化博弈模型。这种模型能够更好地捕捉团队成员在面临复杂、多变的环境时，如何通过重复博弈来不断调整和优化自己的策略，进而推动团队创造力的整体提升。在这一模型中，每个阶段的博弈都是对前一个阶段结果的反馈和修正，通过这种不断试错和学习的过程，团队能够逐渐逼近更高效的合作模式和

创造力激发机制。因此，运用有限理性前提的演化博弈模型来分析我国高校科研团队创造力的演化过程，不仅更加贴近实际，也为我们提供了更为深入和细致的理解视角。

（四）惯例理论

惯例是组织在持续执行相似任务过程中，通过试错性学习以及对过去成功经验的保留与传承所形成的行为模式，它蕴含着组织在特定情境下的因果逻辑和经验性智慧。在演化经济学的视角下，惯例被类比为组织的“基因”，是组织稳定与演化的核心要素。这一理论借鉴了生物学中的进化论思想，将组织的搜寻策略视为生物变异，市场竞争比作生存竞争，而选择过程则与生物进化过程中的自然选择相呼应。与生物学中的基因相似，组织的惯例同样展现出相对稳定性和一定的惰性，能够跨代传递关键特征，确保组织行为的一致性和可预测性。

在高校科研团队中，成员们在长期合作进行知识创造的过程中，积累了丰富的经验、程序和方法，这些宝贵的经验构成了处理同类问题的参照框架，即所谓的“合作知识创造惯例”。当团队面临复杂的科研项目时，由于信息的不完全性和个体的有限理性，合作知识创造过程充满了不确定性。在此情境下，团队成员往往依赖于现有的技术、信息资源和知识结构，以及团队在长期实践中形成的合作技巧和经验，来指导决策过程。这些内在因素共同构成了指导合作知识创造行为的规则和方式，即“合作知识创造惯例”。

然而，值得注意的是，过度依赖已形成的惯例和观念可能会束缚团队的创新思维，限制团队对外部新知识的吸收能力和成员的创新行为，导致所谓的“团队创新刚性”，进而削弱团队的创造力。惯例的稳定性和惰性虽然有助于维持组织的连续性和稳定性，但也可能成为创新的阻碍。因此，为了激发团队成员的创造力，必须勇于打破固有的思维框架，克服认知上的惰性和偏见，主动寻求惯例的更新与变革。

在分析我国高校科研团队创造力的演化过程时，从惯例的视角进行深入探究显得尤为重要。这要求我们不仅要理解惯例如何塑造和维持团队的合作行为，还要探索如何在保持惯例稳定性的同时，促进惯例的灵活性和创新性，以激发团队的持续创造力和适应能力。通过深入分析惯例的形成、演化及其对团队创造力的影响机制，我们可以为提升高校科研团队的创新能力提供有益的洞见和策略建议。

（五）知识创造理论

1. 知识发酵理论

知识的创造过程与生物学中的生化发酵机制之间存在着令人惊叹的相似性，这种相似性促使我们结合生物进化理论与仿生学原理，深入探索知识的本质属性。在此基础上，我们识别出知识的四大核心属性：原生性、遗传变异性、群合性与酶合性。基于这些属性，我们创新性地提出了“知识发酵”理论，并据此构建了一个系统的“知识发酵”模型，以期揭示知识创造、演进及其转化为生产力的内在规律与机制。

“知识发酵”理论的核心在于阐述知识如何通过一系列复杂的动态过程，最终实现其有效应用。这一过程可以被视为一种知识的演变，即在团队负责人的精心组织与协调下，一个创意如同知识菌株般被引入，随后在知识母体中经历消化、适应、转化、演进与创新等一系列发酵活动。这些活动相互作用，共同推动着知识从抽象理念转变为组织行动的具体知识。

在“知识发酵”模型中，我们定义了多个关键要素以全面描绘这一过程：

知识菌株：作为知识发酵的起点，知识菌株代表了引发整个发酵过程的初始思想或创意。它可能源于组织内部的新颖想法、亟待解决的问题，或是组织的战略目标等。知识菌株的特性直接决定了发酵的方向、方式与最终产物。

知识母体：其为知识菌株提供了肥沃的生长土壤。知识母体不仅包括组织成员的知识储备与结构，还涵盖了他们的认知风格、合作动机、学习态度等非物质因素。这些因素共同构成了知识发酵所需的丰富营养环境。

知识酶：作为知识创造的催化剂，知识酶在知识母体与知识菌株之间发挥着关键的催化作用。它既包括组织结构、知识技术、规章制度等有形要素，也涵盖文化、心理、环境等无形要素。这些要素相互交织，共同促进知识的有效转化与创新。

知识技术：依托现代计算机技术，知识技术为知识员工提供了强大的生产、分享、应用与创造知识的工具。电子网络、信息技术工具、专家系统、知识仓库与知识地图等构成了这一技术体系的核心，极大地提升了知识发酵的效率与效果。

知识发酵吧：作为知识发酵的具体场景与平台，知识发酵吧既可以是实体空间（如办公室、会议室、实验室等），也可以是虚拟空间（如电子邮件、电话会议、视频会议等），甚至可以是精神层面的交流场所（如研讨会、交流会、组织学习活动等）。在这些多样化的场景中，拥有不同思维与观点的成员通过互动与碰撞，共同推动着知识的创新与发展。

知识生成物：作为知识发酵的最终成果，知识生成物标志着知识菌株在组织内部的成功扩散与深化。它们以新主张、新知识、新方法与新方案等形式呈现，为组织的持续发展与创新提供了源源不断的动力。

2. 知识创造模型

知识创造模型，作为一种深入探索组织中知识生成、传播与再创造路径的有力工具，在广泛的知识创造活动研究中扮演着重要角色。其中，知识创造螺旋模型以其独特的理论框架，将知识明确划分为显性知识与隐性知识两大类别，并系统地提出了知识转换的四种基本模式：共同化、社会化、联结化和内在化。这些模式不仅揭示了知识在不同形态间的动态转化过程，还通过融入认识论与存在论两个维度，进一步丰富了知识创造的理论内涵。

在认识论维度上，该模型聚焦于显性知识与隐性知识之间的相互转化，揭示了知识在不同形态间的流动与演变规律。而在存在论维度上，则着重分析了知识从个体层面向团队乃至更广泛组织层面的转移与整合过程。值得注意的是，创造主体的隐性知识往往被视为知识创造活动的潜在阻碍，因此，组织需要通过有效机制激发个体的知识创造活力，不断积累并放大隐性知识的价值。

为了实现这一目标，组织需充分利用组织层次上的四种知识转换模式，推动隐性知识在团队内部的有效流动与共享。这一过程不仅促进了知识在团队成员间的深度交流与融合，还使得知识在存在论维度上实现了层级的跃升与扩展。随着显性知识与隐性知识在相互作用中不断上升与扩大，组织的知识创造活动呈现出一种螺旋式上升的动态趋势，为组织的持续创新与发展注入了源源不断的动力。

二、高校科研团队创造力的构成要素

（一）构成要素

1. 团队知识资源与领域技能

团队所掌握的知识资源和创造技能是其开展创造性活动不可或缺的前提和基础，对于高校科研团队而言，这一基础条件尤为关键。知识资源，作为团队智慧的结晶，涵盖了显性知识资源与隐性知识资源两大方面。显性知识资源直观可见，包括团队已取得的论文、专利、专著、科研项目及科研获奖等成果，它们是团队知识体系的重要组成部分。而隐性知识资源则更加隐晦，它蕴藏在团队负责人、骨干成员及研究生的专业技术知识与科研经验之中，这些无形的知识财富是团队创新能力的核心所在。

高校科研团队的知识资源具备三大显著特征。首先，这些知识资源具有可重复利用性，它们如同不竭的源泉，为团队的知识创造活动持续提供动力与支持。无论是以何种形式存在，团队知识资源都能在团队需要时再次被激活，为新一轮的知识创新提供养分。其次，这些知识资源具有再生性，它们在团队内部不断流转、融合与创新，形成新的知识增长点，从而不断扩充团队的知识库存。最后，这些知识资源具有共享性，通过团队内部的组织学习活动与交流互动，知识得以在成员间自由流通与共享，进而转化为团队的核心竞争力。

除了知识资源外，团队领域技能也是其创造力的重要组成部分。这些技能涵盖了从事特定领域研究所需的基本操作能力与特殊才能，如计算机操作、实验设计以及科研选题与成果展示等。领域技能的形成不仅依赖于个体的先天禀赋，更离不开后天的教育与训练。为了在某个领域实现创新突破，团队成员必须深入了解该领域的研究现状与前沿动态，掌握必要的研究方法与工具，并具备将创新想法有效传达给他人的能力。

高校科研团队的知识资源与领域技能共同构成了其创造力的基石。这些资源与技能不仅决定了团队在初始资料搜集阶段的效率与方向，更为团队的创新成果提供了权威的评价标准与鉴定依据。因此，高校科研团队应高度重视知识资源的积累与领域技能的提升，以不断推动团队的创新与发展。

2. 团队合作知识创造的动机

高校科研团队由多元化的合作主体构成，每位成员因个人背景和目标的不同而拥有各异的合作动机。这些动机的多样性直接影响了团队成员在合作过程中的行为表现，成为驱动潜在创造性转化为实际创造行为和成果的关键力量。合作动机可依据其诱发因素分为内源性动机和外源性动机两大类别。内源性动机源自个体对工作的内在热爱与追求，如享受工作的乐趣、追求自我实现、满足好奇心及挑战自我等，这类动机不依赖于外部的物质奖励或职位晋升，而是基于对任务本身的积极情感与态度。相对地，外源性动机则源于工作之外的因素，如满足特定的心理需求、获得他人的认可与赞誉、期待获得某种形式的奖励等，这些动机促使个体为了达成外部目标而努力工作。

在高校科研团队的合作环境中，尽管成员间的合作动机存在差异，但无论是内源性动机还是外源性动机，都对团队创造力的激发和提升具有一定的预测作用。内源性动机能够激发成员内在的创造潜能，促使他们主动探索和创新；而外源性动机则通过外部激励，增强成员的合作意愿和投入度，间接促进团队创造力的提升。因此，团队合作知识创造的动机作为连接个体潜能与团队创造力的桥梁，是构成高校科研团队创造力不可或缺的重要部分。理解和引导团队成员的合作动机，对于提升团队的整体创造力和科研成效具有重要意义。

3. 团队思维风格与人格特质

在探讨高校科研团队创造力的构成要素时，团队思维风格和团队人格特质是两个不可忽视的关键方面。首先，团队思维风格作为一种认知风格，深刻影响着团队成员在解决问题和进行创造活动时的思考方式和偏好。根据美国心理学家斯滕伯格的心理自我管理理论，思维风格可以细分为多种类型，每种类型都反映了不同的认知偏好和行为倾向。例如，思维风格类型Ⅰ倾向于创造性思维和挑战精神，而思维风格类型Ⅱ则更偏向于常规和保守的思考方式。值得注意的是，思维风格并无优劣之分，它更多的是描述团队在完成任务时可能采取的不同策略和方法。因此，了解和利用团队成员的思维风格多样性，有助于优化团队合作流程，提升其整体创造力。

团队人格特质作为团队成员个性特征的集合，对团队创造力的形成和发展起着至关重要的作用。创造性的人格特质，如坚定的信念、浓厚的科研兴趣、强烈的求知欲以及坚韧不拔的意志力等，都是推动知识创造活动顺利进行的重要动力。一个拥有积极人格特质的团队，往往能够在面对困难和挑战时保持高昂的斗志和不懈的努力，从而更容易在科研领域取得突破性的成果。此外，团队人格特质的多样性也为团队带来了丰富的创造力和创新灵感，有助于团队从多个角度思考问题，提出新颖的解决方案。

团队思维风格和团队人格特质是高校科研团队创造力不可或缺的构成要素。通过优化团队思维风格、发挥团队成员的个性优势，可以显著提升团队的创造力和创新能力。因此，在构建高效科研团队时，应充分考虑并合理利用这两个方面的因素，为团队的创新发展奠定坚实基础。

4. 创造性思维和活动过程

创造性思维与创造性活动是高校科研团队创造力的两大核心构成要素，它们共同塑造了团队的创新能力与成果产出。

创造性思维是影响创造主体创造力及创造性成果产出的关键要素。它是一种将头脑中的知识和信息资源，通过多元化的思维方式进行深度加工，进而形成新观念、新思想、新理论的过程。创造性思维强调以新颖、独创的方法解决问题，这种新颖性正是推动高校科研团队产生突破性见解和构想的重要源泉。创造性思维并非一蹴而就，而是经过准备、酝酿、明朗和验证等多个阶段的复杂过程逐渐形成的。这些阶段紧密相连，共同构成了创造性思维的全貌，反映了高校科研团队在解决问题时的深度思考与探索。

创造性活动是在创造性思维指导下，为追求基本价值而进行的具有创新性的实践活动。它涵盖了社会生活的各个领域，从社会体制的改革到管理制度的变迁，从领导艺术的提升到文学艺术的创造，无一不体现着创造性活动的魅力。对于高校科研团队而言，创造性活动主要聚焦于学科前沿，围绕国家重大科研项目和科学难题展开。团队以学术问题为纽带，通过运用现有知识并不断创造新知识，推动学科的发展与进步。在这个过程中，知识创造活动成为贯穿团队建设与发展的核心要素，它不仅促进了团队成员之间的知识共享与协同创新，还为团队带来了持续的创新动力与竞争优势。

创造性思维与创造性活动相辅相成，共同构成了高校科研团队创造力的坚实基础。通过不断激发创造性思维、开展创造性活动，高校科研团队能够不断突破传统束缚、探索未知领域，为科技进步和社会发展贡献重要力量。

5. 知识创造的显性与隐性成果

高校科研团队的知识创造成果可以划分为显性成果与隐性成果两大类。显性成果主要体现在实物化的产出上，它们是团队创造力的直接体现，包括学术论文、研究报告、学术专著、专利发明、软件产品，以及获得的省级及以上科研项目资助和科研奖项等。这些成果是高校科研团队在学术领域和社会影响力上的重要标志。

相比之下，隐性成果则更多地体现在精神层面的创造与影响上，它们是团队创造力的内在体现。这些隐性成果包括团队成员提出的新颖、有价值的想法、观点、创意、概念及思想等，它们虽然不如显性成果那样直观可见，但对于推动学科发展、启发新的研究方向具有重要意义。此外，隐性成果还涵盖了对学生创造个性特质和创造思维能力的培养，这是高校科研团队在人才培养方面的重要贡献，也是团队创造力长远影响的体现。通过隐性成果的培育与积累，高校科研团队能够不断提升自身的创新能力和学术水平，为社会的进步与发展贡献更多的智力支持。

（二）构成要素之间的关系

高校科研团队的创造力是一个复杂而动态的系统，其核心构成要素可归纳为创造主体、创造过程与创造成果三大板块。这三者之间并非孤立存在，而是通过外部环境紧密相连，相互影响、相互作用。创造主体，作为创造力的基石，是科研团队中具备创新能力和实践精神的个体或集体，他们为团队提供了源源不断的创意与灵感。创造过程，则是这些创意得以实现的关键途径，它涵盖了从问题识别、方案构思到实践验证的全过程，是创造力最直接的表现形式。而创造成果，作为创造过程的产出，不仅体现了团队的创新能力和价值贡献，也通过外界的评价与反馈，进一步促进了创造主体与创造过程的优化与升级。

在这个过程中，外部环境扮演着至关重要的角色。它不仅为团队提供了创新所需的资源与支持，还通过评价与感知创造成果，推动团队创造主体与创造过程的持续改进与协同发展。同时，高校科研团队的创造力并非一成不变，而是随着外部环境的动态变化而不断发展演化，以实现与外部环境的和谐共生。因此，只有确保创造主体、创造过程与创造成果三者之间的紧密联动，以及它们与外部环境的有效互动，才能全面提升高校科研团队的创造力水平。

三、高校科研团队创造力的主要特征

高校科研团队创造力作为一个复杂且充满活力的系统，展现出了一系列鲜明的特征。首先，其系统性特征表明，科研团队创造力是由多个相互关联、相互作用、相互制约的组成部分构成的一个有机整体。这些部分共同协作，形成一个具有特定功能的系统，其中包含了三个核心要素：团队成员、知识资源和创新过程。这些要素之间的紧密联系和相互制约，共同推动着团队创造力的不断发展。

其次，适应性特征是高校科研团队创造力的关键所在。面对外部环境的不断变化，团队创造力系统能够灵活调整其内部结构，通过优化运行策略和产出方式，确保团队行为能够持续适应外部环境的需求。这种适应性不仅体现在对外部挑战的应对上，更体现在团队内部机制的持续优化和创新上。

再次，开放性特征也是高校科研团队创造力不可或缺的一部分。这种开放性既体现在团队内部的开放互动上，也体现在团队与外部环境的广泛交流上。团队内部各子系统之间的相互作用促进了知识的共享与整合，形成了稳定的系统结构。同时，团队与外部环境的开放交流则有助于获取更多的资源与支持，为团队创造力的提升提供了更广阔的空间和机遇。

最后，路径依赖性特征揭示了高校科研团队创造力发展的内在逻辑。团队在以往的知识创造过程中积累的经验和教训，会对未来的知识创造活动产生深远影响。团队内部建立的程序和惯例往往基于过去的成功经验和失败教训，只要这些程序和惯例仍然有效，团队就会继续沿用并不断完善它们，以推动合作知识创造的持续发展。这种路径依赖性不仅保证了团队创造力的稳定性和连续性，也为团队在面对新挑战时提供了宝贵的经验和指导。

高校科研团队创造力的系统性、适应性、开放性和路径依赖性等特征共同构成了其独特的发展模式和内在动力。这些特征不仅有助于团队在复杂多变的环境中保持竞争优势，更为团队创造力的持续提升和创新发展提供了有力保障。

四、高校科研团队创造力的具体体现

（一）创造性思维

创造性思维，这一人类独有的宝贵思维形式，不仅是科学创造的前提与驱动力，更在科学研究工作中发挥着举足轻重的作用。它能够瞬间激发个体的领悟力与创造力，成为推动科学进步的重要力量。创造性思维的影响力远不止于科学研究的重大突破时刻，它贯穿于科研的全过程，从最初的准备阶段到突破阶段，再到最终的检验阶段，始终发挥着不可替代的作用。

在当前高校科研团队所承担的国家重大基础或应用基础研究项目中，项目的交叉性、综合性和复杂性日益凸显。面对这些挑战，单纯依赖成员个体的创造性思维，从单一学科或视角出发，往往难以全面把握和有效解决复杂的科学研究问题。因此，高校科研团队的组织和领导作用显得尤为重要，其可以通过整合成员个体的创造性思维，发挥团队协同优势，实现“1 + 1 > 2”的效应，并可以从多学科、多角度、多种思维方式入手，深入探索复杂和疑难的科学研究问题，准确把握科学研究领域的前沿动态。

解决复杂和疑难的科学研究问题，往往需要经历一个漫长而曲折的过程。高校科研团队成员需要通过反复研讨、相互学习、启发与思想碰撞，不断试验与检验，以期达到突破。在这个过程中，知识创造的结果可能是成功的，带来论文、专著、专利等新的科研成果，以及新的理论、观点、想法和主意的诞生；也可能是失败的，虽然未能直接产出科研成果，但团队成员却在这个过程中积累了宝贵的知识与经验，个体的创造性思维也在发散与集中等过程中得到了锻炼与提升。在团队氛围的影响下，成员之间的互动与交流进一步促进了团队创造性思维的形成与发展。

因此，创造性思维不仅是高校科研团队创造力的核心体现，更是推动团队在科学研究中不断取得新突破的关键所在。通过充分发挥创造性思维的力量，高校科研团队能够在复杂多变的科研环境中保持敏锐的洞察力和强大的创新能力，为科技进步和社会发展贡献更多智慧与力量。

（二）创造性活动

在此上下文中，创造性活动特指高校科研团队所开展的知识创造活动。这些活动不仅仅是科研团队成员个人创造力的展现，更是团队协作与创新精神的集中体现。高校科研团队通过科学研究，致力于探索未知领域，获取新的科学知识，这一过程充满了挑战与机遇。他们的工作重心主要聚焦于基础研究和应用基础研究，旨在推动科学技术的进步与发展。

在知识创造的过程中，高校科研团队需历经知识获取、知识转化、知识整合、知识创造、知识共享与扩散等多个阶段。这些阶段相互衔接、相互促进，共同构成了完整的知识创造链条。在知识获取阶段，团队需要广泛搜集相关信息与资料，为后续研究奠定坚实基础；在知识转化阶段，团队需将获取的知识进行深入分析与理解，并尝试将其转化为可应用的形式；在知识整合阶段，团队需将不同来源、不同领域的知识进行有机融合，形成新的知识体系；在知识创造阶段，团队需运用创新思维与方法，创造出具有原创性的科学成果；而在知识共享与扩散阶段，团队则需将研究成果及时分享给更广泛的受众，以推动科学知识的普及与应用。

高校科研团队创造力的形成与提升，离不开知识创造的每一个环节。在每一个阶段中，团队成员都需创造性地发现问题、解决问题，不断突破传统思维的束缚，探索新的科学领域与研究方向。因此，团队所进行的知识创造活动不仅是其创造力的直接体现，更是推动科学技术进步与创新的重要力量。

（三）知识创造的成果

知识创造的成果是衡量高校科研团队创造力的重要标尺，它们不仅以论文、研究报告、专著、专利、软件等实物化的形式展现，更包含了诸多新颖、有用的想法、观点和理论知识等精神层面的宝贵贡献。这些成果不仅是团队成员智慧与汗水的结晶，更是推动社会进步与科技创新的重要力量。

团队知识创造的成果对社会和组织的影响深度与广度，直接反映了其创造力的强弱。一项具有颠覆性的科研成果，往往能够彻底改变某个行业的技术生态，引领产业升级，为经济发展注入新的活力。例如，某项新技术的突破可能开启一个全新的市场领域，为相关行业带来革命性的变革。同时，具有深远意义的理论创新，则能够为整个科学领域带来新的思考维度和研究视角，推动学科边界的拓展和学术范式的转变。

因此，高校科研团队应秉持高度的责任感与使命感，致力于创造更多具有重大社会影响力和科学价值的成果。这要求团队成员不仅要具备扎实的专业知识与技能，更要拥有敏锐的洞察力和创新精神，能够紧跟科技前沿、把握时代脉搏、勇于探索未知领域、挑战科研难题。通过不断努力，高校科研团队将为社会贡献更多高质量的科研成果，充分展现其在推动科技进步和社会发展中的卓越创造力与贡献力。同时，这些成果也将成为团队实力的有力证明，为团队赢得更广泛的认可与尊重。

第二节　高校科研团队创造力的形成机制

一、高校科研团队创造力形成的动力机制

（一）动力机制的因素分析

1. 高校科研团队创造力形成的内部动力因素

高校科研团队内部的动力机制是推动知识创造与团队创造力产生的核心要素，这一机制深深植根于团队成员的内在动机与行为之中。

第一，团队成员之间的竞争与协同构成了团队创造力的基石。在高等学校这一特殊环境中，科研团队内部的互动关系错综复杂，包括导师与研究生、学术带头人与骨干教师、骨干教师之间以及研究生之间的互动。这些互动关系中既包含了合作也暗含了竞争，为了攻克科研项目中的种种难题，团队成员需要

频繁地进行信息交流，分享科研心得与思路，甚至定期举办学术研讨会和交流会，以共同推进知识创造。然而，在合作的同时，团队成员也会为了各自的利益展开竞争，努力完成各自负责的科研子课题，这种竞争与合作并存的关系是推动团队创造力不断提升的重要驱动力。

第二，利益驱动力是激发高校科研团队创造力的关键因素。在社会发展中，利益始终是推动事物发展的原动力。对于高校科研团队成员而言，他们追求的利益不仅限于经济利益，更包括心理利益和社会利益。心理利益主要体现在科研经费的支配权、科研项目的主导权、学术论文的署名权以及获奖或专利的排名等方面；而社会利益则更多地体现在专业领域内的成就、名声、荣誉以及学术地位的提升上。高校科研团队成员往往具有强烈的成长发展需求，他们对知识的渴望、对能力的提升以及对成就感的追求远超过对单纯经济利益的追求。因此，当利益问题处理不当时，团队内部就容易产生利益冲突，这不仅会破坏团队内部的利益秩序，还会干扰个体创造力的发挥，进而影响整个团队的创造力。

第三，团队负责人的创新精神对于高校科研团队创造力的形成具有至关重要的作用。作为团队的核心和领军人物，团队负责人需要具备强烈的创新精神，这种精神体现在创造力、实施能力、必胜信念、创造价值以及甘冒风险等多个方面。创造力是创新精神的核心，团队负责人需要具备洞察学术前沿、凝练重大课题并引领团队开展科学研究的能力；实施能力则是知识创新得以实现的关键，团队负责人需要具备深厚的业务基础、高超的学术水平以及出色的管理才能；必胜信念能够激发团队成员从事科学研究的热情和积极主动的态度；创造价值则要求团队负责人能够结合团队自身比较优势，提出具有市场前景或应用价值的科学研究课题；而敢冒风险则是创新精神者必备的气质，它要求团队负责人敢于带领团队深入到未知领域进行探索。

第四，团队内部氛围对于高校科研团队创造力的形成同样具有不可忽视的影响。氛围的形成是人与情境相互作用的结果，它既包括团队成员对团队政策、实践和程序所形成的心理感知（心理氛围），也包括团队成员对团队目标、运作和结构等具体情境的共同认知或心理体验（团队氛围）。良好的团队氛围能够促进团队成员之间的有效沟通与协作，激发他们的创造力和工作积极性。相反，如果团队氛围不佳，则可能导致团队成员之间的沟通障碍和合作不畅，进而影响整个团队的创造力。

第五，内部的激励机制也是推动高校科研团队创造力的重要因素。激励机制作为组织行为学中的一种重要方法，旨在通过激发人的动机、加强人的意志来推动其朝着既定目标前进。对于高校科研团队而言，激励机制的实施能够充分调动团队成员的工作积极性和主动性，推动科研工作的顺利开展。通过采用规范化、科学化、相对规定化的激励手段，团队负责人可以激发团队成员的创造力和工作热情，提高他们的绩效水平，进而实现团队的科研目标。有效的激励机制不仅能够提升个体创造力、提高个体满意度、强化和修正个体行为、调动个体工作积极性，还能够开发个体的潜在能力，为高校科研团队的知识创造和科研能力的提升提供有力保障。

2. 高校科研团队创造力形成的外部动力因素

高校科研团队创造力的形成是一个复杂且多维度的过程，其中外部驱动力起到了至关重要的作用。这些驱动力不仅为团队提供了发展的动力，还塑造了团队创造力的演化路径。以下是关于高校科研团队创造力形成的外部动力因素的详细分析：

第一，科研需求的拉动力

在知识经济蓬勃发展的今天，科技的日新月异和新理论的层出不穷对科学研究领域提出了前所未有的高标准和高要求。随着全球科技竞争的日益激烈，科研课题正逐步向高难度、跨学科、多元化的方向深入发展，这标志着科学研究正迈入一个全新的阶段。许多前沿的科研课题，如人工智能、生物科技、新能源等，都是积极响应国内外发展形势，由国家相关部门主导组织，旨在解决国家重大需求和全球性挑战。

这种科研需求的强劲拉动力，不仅激发了高校科研团队的创新潜能，促使他们勇于探索未知领域，敢于挑战科研极限，还推动了他们在面对更高水平、更复杂、更具挑战性的科研项目时，能够充分发挥创造力，提出新颖独特的解决方案。当高校科研团队成功攻克这些难题，完成高难度的科研项目后，他们的学术声誉将显著提升，科研能力也将得到广泛认可，从而在学术界树立更高的地位。

更重要的是，这些成功的科研项目往往能吸引更多的关注和支持，为高校科研团队带来更多的资源和机会。这不仅包括来自政府、企业和社会各界的资金支持，还包括与国际顶尖科研机构的合作机会，以及吸引更多优秀科研人才的加入。这些正面反馈形成了一个良性循环，为高校科研团队提供了持续发展的动力，推动他们在科研创新的道路上不断前行，进一步提升团队的整体创造力和科研实力。

在这个过程中，高校科研团队需要保持敏锐的洞察力和快速的学习能力，紧跟科技发展的步伐，及时调整研究方向和策略，以适应不断变化的科研环境和需求。同时，他们还需要加强跨学科合作，打破学科壁垒，促进不同领域知识的融合与创新，以应对日益复杂的科研挑战。通过这样的努力，高校科研团队将在知识经济时代中展现出更强的创造力和影响力，为推动科技进步和社会发展做出更大的贡献。

第二，高校科技创新体系建设的推动力

高校作为国家科技创新体系的重要组成部分，其在推动科技进步和经济发展中扮演着不可替代的角色。高校科技创新体系是一个综合性的生态系统，由内部系统和外部系统两大板块构成，涵盖了科研团队、学科结构、科研平台、产业化平台、制度创新、后勤保障、政府支持、企业合作、科研院所联动以及中介机构参与等十大核心要素。这些要素相互交织、共同作用，形成了一个充满活力与创新的网络，为国家经济建设和社会进步提供了强大的科技支撑和智力支持。

在这个体系中，高校科研团队作为创新的核心力量，承担着探索未知、攻克技术难题的重要使命。学科结构的优化和学术实力的增强，为科研团队提供了坚实的理论基础和研究方向。科研平台和产业化平台的搭建，则为科研成果的转化和应用提供了广阔的空间和舞台。同时，制度创新为科研活动提供了灵活高效的机制保障。后勤保障则确保了科研工作的顺利进行。

政府与企业的积极参与，为高校科技创新提供了政策和资金上的大力支持。科研院所和中介机构的联动，则促进了科技资源的优化配置和科技成果的快速传播。这一系列要素的有机结合，不仅推动了高校科技创新体系的不断完善和发展，也为高校科研团队创造力的提升创造了极为有利的条件。

通过不断加强学科建设、提升学术实力、培养高素质学术队伍，高校科技创新体系为高校科研团队的创新活动提供了肥沃的土壤和丰富的营养。在这个体系中，科研团队能够充分发挥自身的创造力和创新精神，不断探索新的科技领域和解决方案，为国家科技进步和社会发展做出更大的贡献。

第三，外界环境的竞争力

高校科研团队创造力的形成是一个复杂的过程，它不仅受到团队内部各种因素的深刻影响，还不可避免地受到外界环境需求的塑造与推动。外界环境作为高校科研团队生存与发展的基石，为其提供了诸如生源、师资力量和资金支持等关键资源。然而，这些资源的获取并非唾手可得，而是充满了激烈的竞争与挑战。由于资源的有限性和资源提供方的选择性，高校科研团队必须积极参与竞争，以证明自身实力和价值，从而赢得所需的各类资源。

这种竞争不仅局限于对政府资源的争取，如科研基金、政策支持等，还广泛存在于对优质生源和师资的吸引与争夺中。同时，高校科研团队还需与企业、国内外其他高校、金融机构（如银行）等多方进行资源与合作机会的竞争。这种全方位的竞争态势，要求高校科研团队必须具备敏锐的市场洞察力和高效的资源整合能力，以应对来自各方的挑战。

高校科研团队还面临着教学水平、科研水平、社会服务水平等多方面的竞争压力。这些竞争不仅关乎团队的声誉与地位，更直接影响到团队资源的获取与未来的发展。为了在众多竞争者中脱颖而出，高校科研团队必须不断提升自身的综合实力，特别是在重点学科、重点实验室、重点研究基地以及博士硕士授权点等关键领域的建设上，要下大力气、做足功夫。

外界环境的这种竞争压力，如同一把双刃剑，既带来了挑战也孕育着机遇。它不断促使高校科研团队反思自身、寻求突破，以适应外界环境的快速变化。在这种竞争与合作并存的环境中，高校科研团队唯有不断创新、持续进步，才能在激烈的竞争中立于不败之地，实现自身创造力的飞跃与提升。

第四，组织支持行为

高校科研团队在合作进行知识创造的过程中，离不开组织的全方位支持。这种支持不仅体现在物质资源的提供上，更体现在对团队成员心理与情感的关怀上。组织通过一系列的支持行为，深刻影响着团队成员的工作态度、创造力和团队凝聚力。

首先，组织支持通过为团队成员提供参与高水平学术会议的机会，使他们能够接触到最新的科研成果和前沿的学术思想，从而感受到组织的重视与期待。这种支持不仅拓宽了团队成员的学术视野，还激发了他们的工作热情和创造力，使他们更加积极地投入到科研活动中。

其次，组织对团队成员工作、生活的关心也是增强团队凝聚力的关键因素。当团队成员感受到组织对他们的关怀和支持时，他们的情感承诺和归属感会显著增强。这种情感的联结使得团队成员更加愿意为团队的目标而努力，愿意在科研道路上相互扶持、共同进步。

再次，组织支持还能够增强团队成员的自信心。在知识创造的过程中，团队成员可能会面临各种风险和挑战。此时，组织的鼓励和支持就如同定海神针，让团队成员有勇气去面对困难、迎接挑战。这种自信心的提升，有助于团队成员在科研道路上勇往直前，不断突破自我。

最后，这些组织支持行为共同促进了高校科研团队形成良好的团队文化。这种文化以合作、创新、共享为核心价值观，鼓励团队成员相互学习、相互启发，共同推动团队创造力的不断提升。在良好的团队文化氛围中，团队成员之间的沟通与协作更加顺畅，团队的凝聚力和向心力也得到了显著增强，为团队在科研领域取得更多突破提供了有力保障。

（二）动力机制的类型

1. 高校科研团队创造力形成的内部动力机制

高校科研团队的创造力是在一系列内部动力要素的复杂交互作用下形成的，这一过程深刻体现了团队内部动力机制的运作逻辑。成员之间的竞争与协同作用是这一机制的核心驱动力。在团队内部，既存在整体性的协同趋势，促进团队目标的共同实现，又有个体间的差异性，激发成员间的竞争活力。这种竞争与协同的辩证关系，在团队负责人与成员之间、成员与成员之间均有所体现。例如，在利益分配上，团队成员之间既可能因科研经费、署名权等资源产生竞争，也可能因团队整体成长带来的共同利益而形成协同。同样，在学术追求上，教师之间既存在职称评定、荣誉争夺的竞争，也会因科研攻关、教学提升等共同目标而开展合作。学生之间亦是如此，竞争与协同并存，共同推动学习进步与能力提升。这种竞争与协同的动态平衡，为团队创造力的形成提供了源源不断的内在动力。

进一步地，成员之间的竞争与协同作用并非孤立存在，而是与利益驱动力、激励机制、团队负责人的创新精神以及团队氛围等动力因素紧密交织，共同作用于团队创造力的形成过程。利益驱动力作为成员追求个人与团队共同发展的原动力，激发成员的积极性和创造力；激励机制则通过正向反馈，强化成员的积极行为，促进团队目标的达成；团队负责人的创新精神为团队树立榜样，引领团队探索未知，勇于创新；而良好的团队氛围则为成员提供了开放、包容、鼓励创新的工作环境，增强了团队的凝聚力和向心力。

然而，值得注意的是，这些动力因素在相互作用的过程中，既可能产生推动团队创造力形成的正向动力，也可能因作用方式和强度的不同，产生阻碍团队创造力形成的负面效应。团队创造力的形成路径因此具有不确定性，它取决于团队内部各种动力因素的综合作用结果。只有当这些因素以恰当的方式相互作用，形成正向合力时，才能有效推动团队创造力的不断提升。因此，高校科研团队需要不断优化内部动力机制，平衡竞争与协同关系，强化正向动力因素的作用，以促进团队创造力的持续发展与壮大。

2. 高校科研团队创造力形成的外部动力机制

高校科研团队创造力的形成是一个复杂且动态的过程，这一过程深受科研需求、高校科技创新体系、组织支持以及环境竞争力等外部动力要素的共同影响。这些外部动力机制的基本含义体现在多个层面。

高校科研团队创造力的外部动力主要源自组织和社会两个层面。组织层面的支持是推动团队创造力形成的直接动力。在团队合作知识创造的过程中，团队成员会根据组织所采取的支持性和非支持性措施来判断组织对他们的贡献和幸福感的重视程度。这种判断会直接影响团队成员的知识创造行为以及合作知识创造行为。当团队成员感受到来自组织的良好支持时，他们更容易产生知识创造的欲望与意识，进而推动知识创造行为的产生。与此同时，社会层面的动力因素则构成了推动团队创造力形成的间接动力。创造力的形成与外界环境密不可分，社会环境因素通过各种形式和媒介传播，营造出特定的环境氛围，潜移默化地影响个体和团队的价值取向、思维方式和科研态度，从而间接影响他们的知识创造行为。高校科研团队创造力正是在这种直接和间接动力因素的协同作用下不断形成和发展的。

高校科研团队创造力形成的外部路径呈现出一个清晰的循环过程：外部动力要素作用于团队合作知识创造过程，进而产生团队创造力；团队创造力通过学术影响力反馈于外部动力要素，形成新的外部动力。在这个过程中，组织和社会的动力因素作为外部环境变量，通过营造良好的知识创造氛围、出台合理的激励措施以及提供人力、物力和财力支持等方式，促进和改变团队合作知识创造的过程。团队成员在感受到组织的关怀和重视后，会更加积极地获取知识、参与知识共享和组织学习活动，从而提升团队合作知识创造的绩效。团队创造力在这一过程中得到有效整合和展现，通过高水平的论文、课题、专利、获奖等科研成果体现出来，这些成果不仅提高了团队的学术影响力，还增强了团队参与外部竞争的能力。随着团队学术影响力的提升，社会及组织对团队的关注度也会增加，从而带来更多的科研需求和支持行为，进一步推动团队合作知识创造的发展，进而形成一个良性循环。

二、高校科研团队创造力形成的整合机制

（一）涌现机制

涌现作为复杂适应系统的核心特征，在复杂性科学领域中扮演着描述复杂系统层级结构间整体宏观动态现象的关键角色。它揭示了当简单子系统相互作用时，能够产生出高度复杂的聚集行为，这些行为在较高层次的系统层面上展现出全新的属性和规律，而这些属性和规律在较低层次上是不存在的。高校科

研团队创造力的形成过程，正是涌现现象的一个生动体现，它融合了非线性、自组织、远离平衡态和吸引子等复杂系统特征。

高校科研团队创造力，作为团队整体层面的一种功能状态，其根源在于团队成员个体创造力的有机整合与提升。个体创造力并非一成不变，而是随着内外部环境的不断变化而动态发展。团队成员之间的互动，不仅是知识与技能的交流，更是思维与经验的碰撞，这种相互作用促使团队成员不断学习和积累，进而改变团队自身的结构和行为模式。在这个过程中，个体创造力在团队层面上汇聚成一股强大的力量，形成团队创造力，这便是涌现现象在高校科研团队创造力形成过程中的生动体现。

高校科研团队创造力的涌现性，具体表现在创造性思维、创造性活动和创造性成果三个层面。在创造性思维层面，团队成员为实现科研目标，通过非线性相互作用，不断共享信息、实现信息增值，进而产生团队创造性思维。这一过程可能因解决方式的不同而呈现出不同的涌现形式，如民主型、集中型和民主集中型等，每种方式都促进了团队成员间思维的碰撞与融合，最终催生出具有创新性的思维成果。

在创造性活动层面，团队成员围绕科研目标展开的一系列实践活动，如实验、调研、分析等，这些活动在团队层面上汇聚成一股强大的创新力量，推动科研项目的深入发展。同时，这些活动也为团队成员提供了宝贵的学习机会，促进了团队整体能力的提升。

在创造性成果层面，团队成员通过共同努力，取得了具有创新性的科研成果，如新理论、新技术、新产品等。这些成果不仅体现了团队创造力的价值，更为社会进步和科技发展做出了重要贡献。同时，这些成果的涌现也进一步激发了团队成员的创新热情，推动了团队创造力的持续发展。

高校科研团队创造力的形成过程是一个充满涌现现象的复杂过程，它体现了团队成员个体创造力的有机整合与提升，以及团队在创造性思维、创造性活动和创造性成果方面的卓越表现。

高校科研团队的创造性活动及其成果的涌现性，是一个动态且复杂的过程，它深刻地体现了团队在适应环境变化、实现共同目标过程中的协同进化与集体智慧的凝结。这一过程的核心在于，团队成员个体间的创造性活动并非孤立存在，而是彼此相互影响、相互作用、相互融合，最终在团队层面形成一股强大的创新力量。具体而言，每个成员在参与合作知识创造的过程中，都需持续地从团队内部和外部汲取新知，通过个体学习活动深化理解，并借助频繁的知识交流与反馈机制，不断催生新知识，实现个体知识体系的持续涌现与增长。这种个体知识的积累与更新，不仅丰富了团队的知识库，更为科学研究的深入提供了坚实的基础。

为了满足科学研究的高标准需求，团队需定期对成员个体的知识进行整合与提炼，这要求团队不仅要定期开展学习交流活动，以促进知识的有效流通与共享，还需营造一个开放、包容、鼓励创新的良好氛围，让知识在团队内部自由流动，激发更多的思维碰撞与灵感火花。在这样的环境中，个体层面的创造性活动得以充分展现，并在团队的协同作用下，涌现为团队层面的创造性活动，共同推动科研项目的进展与突破。

同样，高校科研团队的创造性成果也呈现出鲜明的涌现性特征。在日常的科学研究实践中，团队成员会不断产出丰富的知识成果，这些成果既包括物质化的形式，如论文、专著、专利、科研获奖及承担的科研项目等，也涵盖精神化的内容，如新想法、独特观点及前沿理论知识等。这些成果不仅是团队成员个人智慧与努力的结晶，更是团队整体创新能力的体现。随着个体知识成果的持续积累与相互交织，它们将在团队层面汇聚成一股强大的力量，为申请国家级科研项目、争取科研获奖等团队层面的重要成就提供坚实的知识基础与材料支撑。因此，可以说，高校科研团队成员的创造性成果，在团队的协同作用下，最终将涌现为团队层面的卓越知识成果，共同推动科研事业的繁荣发展。

（二）适应融合机制

适应融合机制在高校科研团队创造力的发展中扮演着至关重要的角色，它涵盖了成员与成员之间、成员与团队之间在知识、技能、思维风格、创造动机、人格特质以及知识创造成果等多个层面的深度融合与转化。这一过程不仅体现了不同创造主体（成员、团队）在创造力整合过程中的动态互动，还揭示了新的创造力构成要素如何被引入并融入原有创造力体系，进而推动个体和团队创造力的持续演进。

在适应融合机制的作用下，当某个成员个体的创造力与另一个成员个体或团队整体的创造力相遇时，会经历一个充满挑战与机遇的碰撞与选择过程。在这个过程中，双方的知识、技能、思维风格、人格特质以及创造动机等要素会进行深入的交流与对比。那些与双方需求相契合、能够促进共同进步的要素会被保留下来，成为进一步融合的基础；而那些与双方发展不相适应的要素则会被淘汰，从而避免其对整体创造力的提升造成阻碍。

随后，经过初步筛选的创造力构成要素会进入到一个更为精细的筛选、吸收、融合与转化阶段。在这一阶段中，双方会不断寻找新的融合点，通过深入的交流与合作，促进这些要素在更深层次上的融合与转化。这种融合不仅仅是简单的叠加或组合，更是要在理解、尊重并吸收对方优势的基础上，实现双方创造力的有机融合与升华。

随着时间的推移和双方合作的深入，这些经过融合与转化的创造力构成要素会逐渐融入个体和团队原有的创造力体系中，成为推动其持续发展的重要力量。同时，成员个体和团队也会不断寻找新的融合机会，与更多的创造力要素进行接触与交流，以不断丰富和完善自身的创造力体系。

最终，在适应融合机制的作用下，个体创造力和团队创造力将实现质的飞跃，形成全新的、更加高效和富有创新力的创造力体系。这一过程不仅促进了成员个体和团队自身的成长与发展，也为整个科研领域带来了更多的创新灵感和突破机会。

（三）协同互补机制

协同互补机制，作为一种高效运作的内在动力体系，其核心在于促进高校科研团队创造力内部各组成要素之间的深度互动与融合。这些要素不仅包括团队成员的个人能力，还涵盖了他们的合作态度、思维方式、个性特点、专业知识积累以及创新技巧等多个维度。通过相互之间的作用、调节与补充，该机制促使团队创造力展现出一种超越个体简单叠加的独特结构、鲜明特征及强大功能，这种团队创造力是任何单一成员所无法单独具备的，它体现了团队内部各要素间协同互补的深刻效应。

高校科研团队，作为一个由多元化知识创造主体构成的集合体，每个主体在合作动机、思维风格、人格特质、知识结构和创造技能等方面均展现出显著的个体差异。这些差异如同一幅幅色彩斑斓的画卷，为团队带来了丰富的视角和多元的思考方式。然而，差异也意味着挑战，不同的知识体系可能导致在解决问题时产生不同的思维路径和创造性活动。正是在这样的背景下，协同互补机制发挥了至关重要的作用。

协同互补机制通过一系列动态调整过程，有效弥补了知识创造主体在知识体系上的不足，使得每个成员都能从他人那里汲取到新的知识和见解，从而拓宽自己的认知边界。同时，该机制还促进了创造技能的提升，其通过团队成员间的相互学习和实践，不断精炼和完善各自的技能体系。此外，面对合作动机的差异性，协同互补机制通过增强团队凝聚力和共同目标感，有效缩小了成员间的动机差距，使得团队能够更加和谐高效地向前发展。

更为重要的是，协同互补机制还促进了团队成员对不同思维风格和人格特质的积极接纳与借鉴。在这个过程中，团队成员学会了欣赏和尊重他人的独特之处，学会了从不同角度思考问题，这不仅有助于提升团队的创新能力，还促进了团队成员之间的情感交流与理解，为团队营造了更加开放、包容的工作氛围。在这样的氛围中，团队成员能够更好地发挥各自的优势，形成强大的知识协同效应和组合优势，共同推动高校科研团队不断向前发展。

第三节　高校科研团队创造力的提升方式

一、基于高校科研团队创造力形成机制的提升

（一）基于动力机制的提升

1. 构建团队的共同愿景，以增强凝聚力

高校科研团队是一个多元化的集合体，汇聚了来自不同学科背景、拥有各异价值观和行为规范的精英成员。他们各自怀揣着独特的科研动机和期望，共同致力于团队目标的实现。为了促进团队成员之间的和谐统一，推动个人发展与团队整体发展的深度融合，构建团队的共同愿景显得尤为关键。共同愿景不仅是团队前行的灯塔，为团队成员指明了清晰的目标方向，更是团队内部凝聚力的源泉，增强了成员之间的向心力。

对于高校科研团队成员而言，精神上的激励往往比物质上的奖励更能激发他们的内在动力。他们渴望在科研事业中实现个人价值，追求学术上的卓越与成功，并高度重视个人成长空间与团队科研条件、科研方向及学术结构的契合度。只有当团队成员深刻认同团队的价值体系，将个人的发展目标与团队的总体目标紧密相连时，他们才会爆发出强烈的创造动力，积极投身于团队的发展之中，为团队发展贡献自己的力量。

因此，构建团队的共同愿景是激发个体创造力、促进成员间协同效应、充分发挥团队创造力优势的重要途径。在构建共同愿景的过程中，团队领导者应扮演积极的角色，鼓励成员积极参与讨论和决策，确保愿景既符合团队的整体利益，又能激发每个成员的热情和潜能。通过开放的沟通平台，让每位成员的声音都能被听见，让每个人的建议都能被考虑，从而形成一个既具前瞻性又接

地气的共同愿景。

同时，团队应定期组织团队建设活动和培训，为成员提供相互交流与学习的机会，增进彼此之间的沟通与理解。这些活动不仅有助于巩固共同愿景的认同感和归属感，还能在轻松愉快的氛围中激发新的创意和灵感。通过这些努力，团队将能够构建一个充满活力、相互支持、共同进步的科研环境，为团队创造力的持续提升奠定坚实的基础。

2. 设计科学的激励系统，以激发创造力

为了有效激发高校科研团队成员的创造性动机，设计一套科学合理的激励系统至关重要。这一系统应兼顾内部激励与外部激励，以全面满足团队成员的需求，促进他们的持续创造和突破。

内部激励旨在激发团队成员的内在潜能和创造力，通过满足他们的好奇心、求知欲以及自我实现的需求来推动他们自发地参与创造性活动。有效的内部激励措施包括提供具有自主性和挑战性的科研工作、为团队成员规划清晰的职业生涯路径、实施情感激励和文化激励等。这些措施能够激发团队成员的内在动力，使他们保持对科研工作的热情和投入，从而持续产出创新性的科研成果。

外部激励则侧重于通过物质和精神奖励来肯定团队成员的贡献和成就，激励他们不断追求卓越。有效的外部激励措施包括晋升和授权等。晋升不仅是对团队成员个人能力和知识创造绩效的认可，也是实现自我价值的重要途径；而授权则能够充分调动团队成员的积极性、主动性和创造性，让他们在工作中感受到成就感和自我价值。

这些外部激励措施与内部激励相辅相成，共同构成了激发团队成员创造力的有效机制。

在构建激励系统时，团队应充分考虑成员个体差异和需求多样性，确保激励措施的针对性和有效性。同时，保持激励系统的灵活性和动态性，根据团队发展阶段和成员需求的变化及时调整和优化激励策略，以持续激发团队成员的创造力和工作热情。

3. 提高高校科研团队的影响力

高校科研团队的影响力，是衡量其在学术界和社会中地位与贡献的关键指标，其核心体现在团队成员所创造的科研成果在国内外相关领域所获得的广泛认可与高度评价上。当团队的研究成果能够产生深远的学术影响，引领学科前沿，并在社会上引发广泛关注与讨论时，这不仅标志着团队在外部竞争中占据

了显著优势，也意味着团队能够吸引更多的社会资源与支持。这种影响力为团队赢得了参与高水平国家级科研项目的宝贵机会，而这些项目往往代表着国家科技发展的战略方向，对推动科技进步具有重大意义。

在承担国家级科研项目的过程中，团队成员被赋予了更大的挑战与机遇。面对高难度的科研任务，团队成员的个体创造力被充分激发，他们不仅需要在各自的专业领域内深耕细作，还需要跨越学科界限，与其他成员紧密合作，共同探索未知领域。这种跨学科的交流与合作，促进了团队成员个体创造力的有效整合，形成了强大的团队创造力。在这个过程中，团队成员之间的思想碰撞与灵感激发，如同化学反应一般，不断催生出新的科研思路与方法，推动团队的创造能力不断攀升至新的高度。

随着团队创造能力的持续提升，高水平、高质量的科研成果如雨后春笋般不断涌现。这些成果不仅进一步巩固了团队在学术界的领先地位，也通过技术的转化与应用，为社会带来了实实在在的福祉，从而形成了学术影响力与社会影响力相互促进、共同提升的良性循环。这种循环不仅为团队带来了持续的创新动力，也为国家的科技进步和社会发展贡献了重要力量。

要提高高校科研团队的影响力，我们可以从以下几个关键方面着手：

①不断提升高校科研团队的原始创新能力，并着力增强团队成员的创新意识。原始创新能力是驱动基础研究和应用基础研究不断前行的核心动力。提升原始创新能力，实质上就是增强科学研究的内在原动力，为原创性思维和知识的迸发提供肥沃的土壤。这要求团队成员不仅要具备深厚的学术功底，还要勇于挑战传统，敢于提出新理论、新方法，不断推动学科边界的拓展和认知的深化。

②持续凝练学科方向，并准确把握学科前沿的发展动态。这不仅是高校科研团队从事知识创造活动的生命线，也是孕育重大、有影响力和前瞻性的科研成果的基石。团队需要密切关注国内外学科发展的最新趋势，及时调整研究方向，确保团队的研究始终站在学科发展的前沿阵地。同时，通过跨学科交流与合作，促进不同领域知识的交叉融合，为产生具有颠覆性意义的科研成果创造有利条件。

③依托创新研究基地，打造一流的研究平台。创新研究基地的建设是支撑高校科研团队持续发展的重要基石。依托这些基地，团队可以获取到一流的研究手段和先进的工作环境，为团队成员的科研活动提供坚实的物质保障。此外，创新研究基地往往汇聚了众多优秀的科研人才和丰富的学术资源，这为团队内部的学术交流与合作提供了广阔的空间，有助于激发团队成员的创新灵感，提升团队的整体创造力。通过充分利用创新研究基地的优势资源，高校科研

团队将能够在激烈的科研竞争中脱颖而出，不断提升自身的影响力和竞争力。

（二）基于自组织机制的提升

1. 构建高效的信息交流平台，以促进跨学科交流

在知识经济时代，信息的流通与共享对于高校科研团队的创新与发展至关重要。高等学校应当积极构建内外信息交流平台，确保信息的顺畅流通与传递。这不仅包括建立高效的内部信息系统，促进团队成员之间的即时沟通与信息共享，还应包括拓展外部合作网络，与国内外其他高校、研究机构及企业建立紧密联系，实现资源的共享与互补。

为了促进跨学科的知识交流与创新，高等学校应定期组织跨学科、跨院校的知识交流活动。这些活动可以包括学术研讨会、专题讲座、工作坊等多种形式，旨在打破学科壁垒，为来自不同学科背景的科研人员提供一个思想碰撞、交流观点、发现新问题的平台。通过这些活动，科研人员可以拓宽视野，激发创新思维，共同探索新的科研方向和方法。

同时，高校科研团队内部也应采取多种形式的学习和交流活动，如定期的学术沙龙、案例分析、经验分享会等，为教师和科研人员创造更多的思想碰撞和学习交流的机会。这些活动有助于增进团队成员之间的了解和信任，促进知识的共享与传承，为团队创造力的提升奠定坚实基础。

此外，高等学校还应积极寻求与国外一流大学的合作与交流机会。这种合作不应仅仅停留在邀请国内外学者来校作讲座的层面，而应进一步深化合作，如聘请国外知名学者来校担任客座教授，在规定的时间内与团队成员共同开展科学研究。通过与国际顶尖学者的深度合作，不仅可以增强团队的科研实力，还能引入国际先进的科研理念和技术，为高校科研团队创造力的提升注入新的活力。

2. 增强应对突发事件的能力，以保障团队稳定发展

在快速变化且充满挑战的知识经济时代，高校科研团队所处的内外部环境日益复杂多变，科学研究活动本身也因探索未知而天然伴随着一定的风险性。面对这样的背景，高校科研团队必须不断提升自身的应变能力和韧性，以确保在面对突发事件时能够迅速做出反应，维持团队的稳定发展，进而保障科研工作的连续性和创新性。

突发事件可能包括团队核心成员的意外流失、研究方向因外部环境变化而

需紧急调整、团队知识的有效存续受到威胁，以及成员个体知识难以顺利转移等问题。针对这些挑战，高校科研团队需要采取一系列有针对性的措施。例如，当团队核心成员流失时，应立即启动人才储备计划，通过加强内部人才培养和外部高端人才引进，确保关键岗位和项目的连续性和稳定性。对于研究方向的调整，团队应基于深入的市场调研和严谨的学术论证，确保新方向既符合科学发展趋势，又具备实际应用的潜力。在团队知识管理方面，应建立完善的知识管理体系，包括知识分类、存储、共享和更新机制，以保障团队知识的有效传承和持续创新。针对成员个体知识转移的挑战，可以通过建立导师制度、组织定期培训、开展知识分享会等形式，促进知识在团队内部的顺畅流通和有效利用。

除了应对具体突发事件外，高校科研团队还应强化风险管理意识，构建全面的风险预警和应对机制。这包括定期对潜在风险进行识别和评估，制定详细的风险应对预案，确保在风险事件发生时能够迅速启动应急预案，有效控制事态发展，将风险对团队创造力和科研工作的负面影响降到最低。同时，团队应鼓励成员持续学习新知识、新技能，不断提升自身的适应能力和创新能力，以更好地应对复杂多变的内外部环境。通过这些努力，高校科研团队将能够在充满不确定性的知识经济时代中保持稳健发展，持续推动科学研究的进步与创新。

（三）基于整合机制的提升

1. 综合运用多样化的团队创造力整合机制

高校科研团队创造力的整合机制是一个多维度、多层次且错综复杂的系统，它精妙地融合了适应融合机制、涌现机制以及协同互补机制等多个核心要素，共同构建了一个充满活力与创新的科研生态系统。在这个系统中，这三种机制并非孤立存在，而是共同推动着团队创造力的持续成长与升华。

首先，适应融合机制作为团队创造力整合的基础，它要求团队成员在面对快速变化的内外部环境时，能够迅速调整自身状态，实现知识与技能的深度融合。这种机制促使团队成员不断适应新的科研需求和技术趋势，通过跨学科的交流与合作，打破知识壁垒，促进创新思维的碰撞与融合。同时，它也鼓励团队成员在尊重个体差异的基础上，寻求共识与合作，形成强大的团队凝聚力，为团队创造力的提升奠定坚实基础。

其次，涌现机制是团队创造力整合的关键所在。它强调个体创造性活动的独立性与互动性，通过激发团队成员的内在潜能，促进个体创造性思维的涌现与扩散。在团队创造力的整合过程中，涌现机制发挥着催化剂的作用，它促使团队成员在相互启发与借鉴中，不断产生新的创意和想法，进而推动团队层面的创造性成果不断涌现。这种涌现不仅体现在科研成果的创新性上，更体现在团队成员之间的协同创新与知识共享上。

最后，协同互补机制是团队创造力整合的重要保障。它强调团队成员之间的互补性与协作性，通过发挥各自的专业优势与特长，形成强大的团队合力。在团队创造力的整合过程中，协同互补机制鼓励团队成员相互支持、相互补充，共同应对科研挑战与难题。同时，它也注重团队资源的优化配置与高效利用，确保团队创造力的持续提升与发展。

在综合运用这三种机制的过程中，个人与团队应始终保持开放的心态与创新的思维，以系统性的视角审视团队创造力的整合过程。通过不断优化整合路径、完善整合机制，个人与团队将能够充分发挥各自的优势与潜力，共同推动团队创造力的飞跃与发展。在这个过程中，适应融合机制将确保团队创造力的灵活性与适应性；涌现机制将激发团队创造力的无限潜能；而协同互补机制则将确保团队创造力的持续性与稳定性。三者相辅相成、相得益彰，共同构建起一个充满活力与创新的科研生态系统。

2. 高效协调个体与团队创造力之间的动态整合关系

高校科研团队创造力的整合过程，是一个涉及成员个体与团队两个层面的复杂系统。在这个系统中，个体层面的整合与团队层面的整合并不是单向流动的河流，而是相互交织、相互影响的网络。这意味着，个体创造力的整合与团队创造力的整合往往是并行不悖、相互促进的。这种错综复杂的交互过程，对团队创造力的形成产生了深远的影响。

为了提升团队知识创造的绩效，团队必须精心协调个体层次与团队层次的整合过程。由于个体创造力的整合质量直接关乎团队创造力的整体表现，因此，我们可以从个体创造力的整合入手，寻找协调不同层次创造力的关键路径。具体而言，为成员个体营造一个有利于知识创造的环境至关重要。这个环境应该充满激励与挑战，让成员个体在追求团队目标的过程中，产生强烈的认同感与归属感。同时，通过成员间的相互影响与互动，激发个体知识创造的动机，并引导这些动机向有利于合作知识创造的方向发展。

在个体创造力得到有效整合的基础上，团队成员将积极参与到团队知识创造活动中。在这个过程中，他们的创造性思维相互碰撞、相互启发，创造性的人格特质相互补充，知识和技能在交流中得以提升，创造动机在相互影响中得以强化。这种全方位的互动与融合，最终实现了团队层面创造力的整合与升华。因此，促进团队成员个体创造力的整合，并协调好个体创造力与团队创造力之间的动态关系，是推动高校科研团队创造力持续发展的重要保障。

二、基于高校科研团队创造力形成过程的提升

（一）基于宏观和微观形成过程的提升

1. 强化科研团队创造力生命周期管理

高校科研团队创造力的演化是一个动态且复杂的过程，其生命周期的不同阶段呈现出不同的特征和挑战，因此需要采取针对性的管理措施以确保团队创造力能够持续、健康的发展。

在起步阶段，高校科研团队往往面临着成员间创造力处于无序状态的挑战。此时，团队应重视团队学习活动的组织和开展，积极创造机会促进成员间的知识、技能和创意的碰撞与融合。组织各类研讨会、工作坊等活动，激发成员的创造性思维、培养创造性人格和动机，同时帮助成员熟悉团队内外环境，明确个人角色和团队发展目标，形成共同的科研愿景。此外，建立科学合理的规章制度和奖惩机制，引导成员行为，促进无序的个体创造力向有序的团队创造性转化。

进入成长阶段后，高校科研团队需要应对学术研究方向的凝练、团队规模的扩大、成员个体创造力的提升以及内外部关系的协调等压力。此时，团队应致力于营造合作知识创造的氛围，加强成员间的有效互动，缩短磨合期，促进团队创造力的有序发展。同时，团队负责人应积极争取外部资源和政策支持，为团队发展提供物质和精神保障，推动团队创造力向成熟期迈进。

在成熟阶段，高校科研团队在学术界已具有一定影响力和知名度，科研产出稳定且质量较高。此时，团队创造力的重点在于维持和激发成员的持续创新动力。团队应加强激励机制建设，针对不同层次的成员采取差异化激励措施，保持团队的创造活力。同时，鼓励成员探索新的研究方向和方法，不断拓展团队的创新边界。

然而，随着时间的推移，高校科研团队可能会进入衰退阶段，面临创造力下降、竞争优势丧失等挑战。此时，团队需要深入分析影响创造力发展的症结所在，及时调整学术研究方向、重新定位团队发展目标，并采取吸收新成员、

重新配置资源、调整组织结构、重塑团队文化等措施，以挖掘、整合和提升团队创造力，促进团队创造力的健康、稳定、可持续发展。在整个生命周期中，高校科研团队应持续关注内外部环境的变化，灵活调整管理措施，确保团队创造力能够持续保持在高水平状态。

2. 为团队创造力的形成提供平台

为了有效促进高校科研团队创造力的形成与发展，可以巧妙地配置“知识发酵吧”这一创新平台。高校科研团队的创造力，其源泉在于成员个体的创造力，而要将这些个体的创造力有效整合起来，就需要一个特定的场所或情境作为载体，这个载体我们称之为“知识发酵吧”。在这个充满创意与活力的空间里，知识如同被精心培育的微生物，经历着变化与升华的过程，而这一切科研活动的最终目的，都是推动知识发生有意义的转变。

“知识发酵吧”的诞生，可以是自然而然的结果，但往往这样的场所缺乏稳定性，容易转瞬即逝。因此，高校或科研团队应当主动出击，通过提供必要的时间、空间以及促进成员间联系的各种条件，有意识地构建起多样化的“知识发酵吧”。这些发酵吧可以是以激发创意为主的创意吧；也可以是注重知识规范化、系统化的规范化发酵吧和系统化发酵吧；还可以是用于演练与验证新想法的演练与验证吧。此外，团队还可以将已经存在的各类“知识发酵吧”有机联结起来，形成一个规模更大、功能更全的“知识发酵生态系统”。

在“知识发酵吧”的滋养下，团队已有的知识得以深化与拓展，新知识如雨后春笋般不断涌现。更重要的是，在这个过程中，个体创造力被巧妙地整合为团队创造力。团队成员的不同思维方式、独特观点在这里相互碰撞、相互启发，不同的人格特质相互补充，创造动机相互感染，知识和技能在相互学习与交流中得到了升华。这种全方位的互动与融合，不仅促进了团队整体创造力的提升，还营造出了一种积极向上、充满创新活力的团队氛围。

因此，高校科研团队应当高度重视“知识发酵吧”的配置与建设，将其视为推动知识创新与个体创造力发酵的重要场所。通过精心打造这一创新社区，高校科研团队为团队成员提供一个自由交流、思想碰撞、知识共享的平台，从而激发团队的整体创造力，推动科研事业的蓬勃发展。

（二）基于惯例和演化博弈视角的提升

高校科研团队创造力的形成是一个复杂的动态过程，其中团队合作知识创造的惯例起到了至关重要的影响与制约作用。这些惯例不仅是促进团队创造力形成和决定团队行为方式的“基因”，也是团队创造性活动得以持续发展的基石。然而，惯例在团队合作知识创造的过程中具有“双刃剑”的特性：一方面，作为团队知识创造活动的重要组成部分，惯例有助于提高团队运作效率，确保活动的稳定运行；另一方面，由于惯例往往表现为重复性的知识创造活动、方法和标准化流程，它也可能成为团队知识开发和创造活动的桎梏，限制创造性思维的萌发，从而在一定程度上阻碍了团队创造力的进一步发展。

为了充分发挥惯例的积极作用并规避其潜在的负面影响，高校科研团队应勇于打破那些不利于团队合作知识创造的旧有惯例，积极探索并发展以知识创造为导向的新型行为模式。这要求团队成员摒弃对知识认识上的功能固执和思想惰性，主动更新惯例，避免陷入惯例惰性的陷阱。通过持续的创新和变革，团队能够不断激发新的创造活力，推动团队创造力的持续提升。

此外，为了保障团队合作的顺畅进行，高校科研团队还需建立健全的考核评价与激励机制。在实际操作中，可能会遇到项目负责人和核心成员在科研成果排名、项目经费分配、专利完成人顺序等方面产生争议的情况。这些问题的根源往往在于团队考核评价与激励机制的不完善，缺乏有效的监督机制和成果转化途径。因此，从项目立项之初到最终完成，团队都应制定严格的科研项目考核机制，确保考核的公正性和透明度。

同时，团队应建立一个向能力倾斜、向贡献倾斜的分配机制，形成一个良性竞争的平台。通过正确公正地评价团队中的每一位成员，确保他们的贡献得到充分的认可和回报，从而激发科研人员的积极性和创造力。当科研人员感受到自己的价值得到体现，并对团队产生强烈的归属感时，他们将更加愿意为团队的发展贡献自己的力量，共同推动团队创造力的不断提升。

三、基于高校科研团队创造力影响因素的提升

（一）基于创造主体的提升

1. 培养团队成员的创造性思维

创造性思维，作为高校科研团队创造力的核心驱动力，是团队在知识创造活动中不可或缺的灵魂。它要求团队成员在日常科研实践中，不仅要具备扎实的专业知识，更要自觉地、有意识地培养创造性思维习惯。这种习惯的形成并非一朝一夕之功，而是需要经历长时间的科研实践，通过不断试错与反思，逐

渐积淀而成。

为了有效提升团队成员的创造性思维能力，我们可以从多个维度入手。首先，要注重多种思维能力的培养与优化组合。创造性思维并非单一思维模式的产物，而是多种思维能力相互交织、互为补充的结果。因此，我们需要加强对团队成员发散思维与聚合思维、横向思维与纵向思维、逆向思维与正向思维、潜意识思维与显意识思维的培养。同时，逻辑思维作为验证、总结和提高创造性思维成果的关键，同样不容忽视。在从事知识创造活动时，团队成员应学会将多种思维形式进行优化组合，灵活运用，以应对复杂多变的科研挑战。

其次，要勇于打破习惯性思维定式。在科研活动中，固有的思维模式往往成为限制思维飞跃和突破的枷锁。因此，团队成员需要勇于接受新的理论和思想，敢于大胆假设，合理质疑，不断突破固有的思维形式和方法。这要求团队成员具备批判性地接受知识的习惯，能够从新的角度、用新的方法去审视问题、解决问题，从而推动科研活动的深入发展。

最后，实践是检验真理的唯一标准，也是培养创造性思维能力的重要途径。团队成员应积极参与知识创造活动，通过实践不断积累经验，进行思维发散性、联想性、摆脱性以及逆向性等训练。在实践过程中，团队成员不仅要学会独立思考，还要学会与他人合作，共同探索未知领域，不断激发新的灵感和创意。通过长期的实践锻炼，团队成员将逐渐形成良好的思维习惯，为团队创造力的持续提升奠定坚实基础。

2. 塑造团队成员的创造性人格

高校科研团队创造力的基石在于团队成员所展现出的卓越创造性人格特征。这些特征不仅为团队创造力的形成提供了坚实的基础，也是推动团队持续创新、勇攀科研高峰的关键动力。创造性人格，作为创造力发展的内在驱动力和导向标，涵盖了创造主体的理想、信念、意志、情感、道德等非智力素质的综合体现，是科研人员在创造活动中所展现出的独特心理倾向。

根据创造学的深入研究，那些具备高度创造力的主体往往呈现出一系列鲜明的特征：他们拥有强烈的求知欲，对未知世界充满好奇与探索欲望；他们拥有丰富的想象力，能够跨越传统界限，构思出前所未有的新想法；他们具备无畏的独处力，能够在孤独中深入思考，寻找灵感；他们好奇心旺盛，对周围的一切保持敏锐的观察与感知；他们坚韧不拔，面对困难与挑战从不轻言放弃；他们独立自信，坚持自己的判断与选择；他们自制力强，能够有效管理自己的情绪与行为；他们不盲目顺从，敢于质疑权威，勇于提出新见解。

为了在日常科研活动中有效培养团队成员的创造性人格，我们可以从以下几个方面着手：

第一，激发团队成员的求知欲望。通过组织多样化的学术交流活动，鼓励团队成员参与前沿科技讲座与研讨会，拓宽他们的知识视野，激发他们对未知领域的探索热情。同时，鼓励团队成员勇于提出新颖的科研想法和思路，为他们提供展示自我、交流思想的平台，让求知的火花在团队中碰撞出璀璨的创意光芒。

第二，培养团队成员的冒险精神与独立自信。面对科研活动中的未知与挑战，鼓励团队成员勇于尝试、敢于冒险、不畏失败、不惧挫折。同时，教育他们保持独立思考与判断的能力，不盲目跟从他人意见，形成自己独特的科研视角与风格。通过营造自由、民主、和谐的团队氛围，让团队成员在相互尊重与信任中共同成长。

第三，促进团队成员间的相互学习与借鉴。鼓励团队成员积极向团队中创造性较为活跃的成员学习，借鉴他们的成功经验与思维方式。通过组织团队内部的分享会、研讨会等活动，优秀成员的经验与智慧得以传承与发扬，同时还能激发其他成员的学习热情与创造力。在相互学习与借鉴的过程中，团队成员的人格魅力与创造潜能将得到进一步提升。

第四，培养团队成员的恒心与毅力。科研活动往往伴随着艰辛与挑战，需要团队成员具备顽强的拼搏精神与坚定的毅力。在日常工作中，可以通过设立阶段性目标、定期评估与反馈机制等方式，帮助团队成员保持对科研工作的持续热情与动力。同时，当团队成员遇到挫折与困难时，及时给予关心与支持，鼓励他们勇敢面对挑战、坚持不懈地追求科研梦想。通过长期的培养与锻炼，团队成员将逐渐形成坚韧不拔的科研品质与创造性的人格特质，为团队创造力的持续提升奠定坚实基础。

3. 激发团队成员的创造意识

创造意识，作为推动高校科研团队不断探索新知、勇于革新的内在动力，是团队从事创造性活动不可或缺的前提。它要求团队成员不墨守成规，敢于挑战传统，对原有事物进行改造、革新、完善和发展，以期创造出新事物。然而，创造意识的激发并非易事，需要团队成员在多个方面共同努力。

首先，培养团队成员的自信心至关重要。团队成员应摒弃只有少数精英才能取得重大科研成果的固有观念，对自己的创造力和潜力充满信心。面对困难和挑战时，他们应坚定信念，相信自己能够克服一切障碍，取得突破性进展。

其次，激发团队成员的创造动机也是关键一环。这不仅要求团队营造积极向上的氛围，激发和培养团队成员对科研工作的浓厚兴趣，对创造性行为给予充分的鼓励和支持，更重要的是要引导和帮助团队成员树立远大的学术抱负，激发其内在动机，使他们更加热衷于投身创造性工作，为实现个人价值和团队目标不懈努力。

再次，激发和维持团队创造热情同样不可或缺。当团队成员情绪高涨时，他们的创造性思维和想象力将得到充分释放。为了激发和维持这种创造热情，团队应让成员在知识创造活动中充分体会到乐趣、成功和价值感。通过将科研目标分解为若干个子目标，并在每个子目标的实现过程中给予团队成员及时的肯定和鼓励，使他们不断感受到成功的喜悦，从而激发和维持持久的创造热情。

最后，锤炼团队成员的创造意志也是提升团队创造力的重要途径。坚强的创造意志是产生创造性思维的有力保障。团队负责人应在日常科研实践中，有意识地为团队成员设置一些具有挑战性的任务，让他们在解决问题的过程中不断锤炼自己的创造意志。通过面对困难和挑战，团队成员将学会在逆境中坚持不懈，不气馁、不妥协，以更加坚定的意志和更加饱满的热情投入到科研工作中，共同推动团队创造力的持续提升。

（二）基于创造内容的提升

1. 经常进行创造方法的培训

在高校科研团队的日常科研实践活动中，专业知识与技能的学习固然重要，但创造方法的培训同样不可或缺。创造方法作为实现科研创造目的的有效途径和手段，在科研活动中起着至关重要的作用。科研活动的过程和结果并非随意而为，而是遵循着一定的规律和方法。高校科研团队成员可以通过借鉴前人在大量科研实践活动中总结提炼出的技巧、经验、方法和流程，来启发自身的创造性思维，激发创造灵感。

因此，高校科研团队应紧密结合专业领域知识创造的实际需求，定期、有目的地对团队成员开展创造方法的培训，并将其视为团队培训的重要组成部分。这种培训不仅有助于提升团队成员的科研创新能力，还能促进团队整体科研水平的提升。

在培训过程中，团队骨干成员和核心成员，特别是研究生导师，应发挥引领作用。他们应在日常指导学生的过程中，有意识地鼓励学生运用所学的创造方法去解决问题，培养学生的创新思维和问题解决能力。这种教学方式不仅有助于学生个人能力的提升，也有助于团队整体科研氛围的营造。

目前，常用的创造方法多种多样，包括群智法、组合法、模仿法、移植法、替代法、列举法、设问法、信息法、主题创造法、形态分析法和还原法等。这些方法各有特点，适用于不同的科研场景和问题类型。通过系统学习和实践这些方法，团队成员可以更加高效地开展科研工作，提升科研创新的质量和效率。

总之，创造方法的培训是高校科研团队提升科研创新能力的重要途径。通过定期、有目的的培训，结合专业领域知识创造的实际需求，团队成员可以不断提升自身的科研创新能力和问题解决能力，为团队整体科研水平的提升贡献自己的力量。

2. 构建以课题为导向的学习小组

高校科研团队为了深化研究、激发创新活力，应当紧密结合自身的研究方向，灵活建立以课题为导向的学习小组。这些小组遵循自愿参与的原则，鼓励团队成员根据个人研究兴趣和具体课题需求加入，从而构建一个既自由又充满活力的学术社群。学习小组的自愿性、群众性和示范性特点，不仅吸引了那些本身对创造充满热情的成员，还凭借其强大的辐射力、感染力和引导力，激发了那些对特定研究课题尚未产生浓厚兴趣的成员的好奇心与参与欲。在团队内部的从众意识和模仿心理作用下，更多成员被带动起来，积极参与到相关的知识创造活动中。

为了进一步强化团队成员的创造兴趣和意识，学习小组应策划并执行一系列丰富多彩的学习活动。例如，每周定期举办学术讨论会，采用头脑风暴的方式，围绕某一具体问题或课题，鼓励团队成员畅所欲言、碰撞思想。这样的讨论不仅促进了学术创意的涌现，还为团队成员提供了一个学习交流、共同成长的平台。通过这些实践活动，成员们的知识得以深化，能力得到提升，更重要的是，他们的创造兴趣和创造冲动被极大地激发出来。在相互启发与激励中，团队成员不断加速个体知识向实践能力的转化，共同推动着团队创造力迈向新的高度。

3. 积极承担高水平的科研项目

承担高水平的科研项目是衡量高校科研团队科学研究实力和学术地位的关键指标之一。这些项目往往针对国家长远发展目标，聚焦于国家重大需求，具有广泛的社会影响力。它们涵盖了国家自然科学基金项目、国家社会科学基金项目、国家重点基础研究发展计划项目、国家高技术研究发展计划项目、国家科技支撑计划项目等多个领域。这些项目通常意义重大、内容复杂、涉及面广、耗资巨大，且研究周期较长，为高校科研团队提供了广阔的探索空间和挑战。

在实施高水平科研项目的过程中，高校科研团队难免会遇到诸多疑难问题和技术难题。然而，正是这些挑战激发了团队成员的创造兴趣和创造动机。项目的探索性程度越高，越能激发团队成员的创新思维，促使他们不断寻求新的解决方案。这种探索过程不仅增强了团队成员的创造力，还使得产生的创造成果更具适用性和新颖性，进而提升了团队创造力的整体水平。因此，承担高水平的科研项目对于促进团队创造力的形成具有显著作用。

为了成功承担并实施高水平科研项目，高校科研团队必须不断提升自身的知识整合能力。这种能力在团队创造力与团队层面影响因素之间起着重要的中介作用。团队知识整合能力的提升不仅包括对团队内部知识的有效整合，还应涵盖对团队外部知识的吸纳与融合。通过内外知识的有机结合，团队能够更有效地整合各种资源，打造独特的竞争优势，为组织策划重大科研项目奠定坚实基础。

在提升知识整合能力的过程中，高校科研团队应注重整体规划，将原有基础与新知识进行集成，以提高科研项目的竞争力。这要求团队不仅要关注内部成员之间的知识共享与合作，还要积极寻求与外部机构、专家及学者的合作与交流，共同探索科研新领域，推动科研成果的创新与应用。通过这一系列的努力，高校科研团队将能够在高水平科研项目的承担与实施中展现出更强的创造力和竞争力，为国家的科技进步和社会发展做出更大贡献。

（三）基于创造成果的提升

1. 重视科研成果评价的管理

科研成果，作为人们在未知领域探索过程中有目的、创造性活动的产物，蕴含着深厚的学术价值与社会价值，是衡量个人或团队科研能力与贡献的重要标尺。随着科学研究在高校科研团队发展建设中占据愈发核心的地位，团队间的竞争焦点逐渐聚焦于科研水平和科研实力之上。科研成果，作为这一竞争的直接体现，不仅彰显了高校科研团队的创造力与创新能力，还成了评估其科研方向准确性、研究课题选择恰当性的关键指标。

科学合理地评价科研成果，对于高校科研团队而言，具有深远意义。它不仅能够帮助团队精准把握科研方向，确保研究课题的前沿性与实用性，还能有效提升团队的知识创造效率，激发团队成员的科研热情与创新能力。在这一过程中，科研成果的评价结果往往成为激励团队成员投身科研工作、追求卓越的重要动力。此外，许多高校还将科研成果作为团队成员职称晋升、奖励分配及科研考核的重要依据，进一步强化了科研成果在团队管理与激励体系中的重要性。

鉴于此，高校及组织应高度重视对科研成果的评价管理工作，致力于构建一个公开、公正、民主、科学的科研评价制度。这一制度应充分体现科研成果的多元价值，兼顾学术贡献与社会影响，确保评价过程的透明性与公正性，为团队成员提供一个公平竞争、共同发展的良好环境。通过不断优化科研评价体系，高校科研团队将能够持续提升科研实力，推动科技创新与学术进步，为社会贡献更多有价值的科研成果。

2. 利用文献计量法挖掘团队潜力

文献计量法结合定性分析是一种强大的研究工具，它能够帮助揭示某一学科或某一组织的研究热点、发展趋势以及知识结构等关键特征。自该方法问世以来，便深受研究者和科研管理部门的青睐，广泛应用于科学技术发展动态的把握、科研课题的确定与选择、研究课题新颖性和准确性的评估，以及研究成果和研究方法效果的评价等多个方面。近年来，随着信息技术的飞速发展，文献计量法得到了进一步的增强。通过可视化图形的形式，该方法能够直观地揭示数据背后隐藏的规律和模式，极大地提升了科研工作者对信息的浏览、分析和理解能力。

目前，市场上已经涌现出多款功能强大的可视化图形展示软件，如 NetDraw、Pajek、CiteSpace 等，它们为科研工作者提供了便捷、高效的数据可视化手段。对于高校科研团队而言，充分利用这些先进的知识挖掘工具，结合文献计量法，对团队的科研成果进行深入的知识挖掘，具有重要意义。通过这一过程，团队不仅可以更加科学地评估自身的研究方向和成果质量，还能够准确把握学科前沿动态，为未来的科研工作提供有力指导。

具体而言，高校科研团队可以运用这些工具对发表的学术论文、获得的专利、参与的项目等成果进行量化分析，揭示出团队在不同研究领域的影响力、合作网络、研究趋势等信息。同时，结合定性分析，团队可以深入探讨这些量化数据背后的深层次原因和机制，为制定更加科学合理的科研策略提供依据。通过这种方式，高校科研团队不仅能够提升自身的科研水平和创新能力，还能够在激烈的学术竞争中脱颖而出，为学科的发展做出更大贡献。

参考文献

[1] 徐红，陈承. 构建与实施：高校科研评价体系研究［M］. 武汉：华中师范大学出版社，2018.

[2] 刘扬，郑金. 高校科研管理与学风建设研究［M］. 北京：北京工业大学出版社，2019.

[3] 孙江洁，刘国旗. 期权定价研究及其高校科研项目管理中的应用［M］. 长春：吉林大学出版社，2019.

[4] 刘笑. 创新合作对高校科研绩效的影响机理［M］. 长春：吉林大学出版社，2020.

[5] 周汉鸣. 高校科研管理研究［M］. 北京：现代出版社，2020.

[6] 闫淑敏，张煜良，夏青. 高校科研人员薪酬体系与科研热情研究［M］. 上海：同济大学出版社，2021.

[7] 钟秉林，周海涛，叶伟萍. 高校科研合作效能研究［M］. 武汉：湖北教育出版社，2022.

[8] 杨文静. 高校科研经费管理与实践［M］. 北京：北京邮电大学出版社，2022.

[9] 刘莉，董彦邦. “双一流”建设高校科研人才评价［M］. 上海：上海交通大学出版社，2022.

[10] 王志新. 新时代高校科研管理体制研究［M］. 北京：中国纺织出版社，2022.

[11] 夏之晨. 研究生科研素养培养研究：基于高校科研团队的组织形式［M］. 南京：江苏人民出版社，2022.

[12] 姜卫平，柯涛. 高校科研管理研究与实践［M］. 武汉：武汉大学出版社，2023.

[13] 胡黄. 新时代高校科研人才培养与创新［M］. 海口：南海出版公司，2023.

[14] 严书亭. 高校科研管理体系及其与科研院所的合作研究［M］. 北京：九州出版社，2023.

[15] 王占军，李慧萍，林燕芳. 教学学术：高校教学与科研联结机制研究［M］. 杭州：浙江大学出版社，2023.

[16] 贺文君. 精细化管理在高校科研管理中的创新路径研究［J］. 市场周刊，2024（31）：25－28.

[17] 马素蓉. 高校科研经费全链条信息化管理分析研究［J］. 财经界，2024（30）：36－38.

[18] 颜艳旗. 内部控制视角下高校科研经费管理的优化探索［J］. 辽宁经济职业技术学

院. 辽宁经济管理干部学院学报，2024 (5)：41 - 43.

[19] 张晨，林承友. 从科研秘书视角探讨高校二级学院科研管理工作的优化 [J]. 创新创业理论研究与实践，2024 (19)：99 - 101.

[20] 赵雪音，傅斯璐. 高校科研经费管理中的会计核算问题及对策 [J]. 质量与市场，2024 (9)：93 - 95.

[21] 唐玲玲. 高校科研经费管理机制创新与高质量发展路径研究 [J]. 广东经济，2024 (18)：43 - 45.

[22] 周晓露. "放管服"背景下高校科研经费管理探究 [J]. 中国管理信息化，2024 (18)：59 - 61.

[23] 秦丹迪，郝钰琪，蒋皓，等. 高校技术合同管理服务质量提升路径研究 [J]. 中国高校科技，2024 (8)：93 - 96.

[24] 成诚. 高校科研档案管理与知识产权保护探析 [J]. 云南档案，2024 (4)：61 - 63.

[25] 张深远. 新质生产力理论框架下的高校科研管理创新路径 [J]. 中阿科技论坛，2024 (8)：117 - 121.

[26] 卜方宇. 新公共服务理论视野下高校科研管理探析 [J]. 佳木斯大学社会科学学报，2024 (4)：126 - 129.

[27] 甘桂华，朱卫杰. 基于大数据技术的科研管理系统优化分析 [J]. 电子技术，2024 (7)：357 - 359.

[28] 张卓，刘浪. 科研管理视域下的高校交叉学科创新研究 [J]. 科技管理研究，2024 (9)：100 - 107.

[29] 李婷婷. 地方高校科研管理工作的创新路径 [J]. 常州工学院学报，2024 (2)：95 - 99.

[30] 吴凡. "放管服"背景下对高校科研经费管理的思考 [J]. 财会学习，2024 (11)：134 - 136.

[31] 杨天一，包春宇. 高校科研管理系统的设计与实现 [J]. 辽宁科技学院学报，2024 (2)：47 - 51.

[32] 林彬，王烨，张端秀. 高校科研经费"放管服"政策跟踪审计探析 [J]. 福建医科大学学报：社会科学版，2024 (2)：62 - 66.

[33] 陆赛钰，许雪娇，刘凝. 财务共享模式下高校科研经费管理优化研究 [J]. 财务管理研究，2024 (4)：148 - 153.

[34] 王书海，李占华，赵雅坤，等. 以信息技术推进高校科研评价改革的探索与实践 [J]. 石家庄铁道大学学报：社会科学版，2024 (1)：100 - 105.

[35] 代丽萍，黄小倩. 内部控制视角下高校科研经费管理研究 [J]. 安徽职业技术学院学报，2024 (11)：50 - 53.

[36] 乔芳菲. 数字信息技术赋能高校科研管理工作研究 [J]. 吉林广播电视大学学报，2024 (2)：25 - 26.